NA ESCOLA DA VIDA

O autor cedeu os direitos autorais deste livro
ao **Grupo Espírita Esperança,** para manutenção
de seus trabalhos espirituais e assistenciais.

Rua Moisés Marx, 1.123, Vila Aricanduva, São Paulo - SP
CNPJ 08.209.086/0001-79
www.grupoesperanca.com.br

JOSÉ CARLOS DE LUCCA

NA ESCOLA DA VIDA

LIÇÕES ESPIRITUAIS PARA O BEM-VIVER

intelítera
editora

Dedico este livro a todos os que estão matriculados na Escola da Vida. Somos todos alunos e professores uns dos outros.

Ao Mestre Jesus de Nazaré, que me admitiu na Escola da Vida e nunca desistiu de mim, apesar das minhas notas baixas...

PREFÁCIO

Na escola da vida, não há formaturas definitivas. Cada dia nos oferece uma nova lição, um novo convite ao aprendizado, à transformação e ao despertar da consciência.

Que honra e que alegria receber o convite para escrever o prefácio desta obra! Que *privilégio* ser uma das primeiras de suas leitoras! Neste livro, *Na Escola da Vida – Lições Espirituais para o Bem-Viver*, o autor, o tão querido José Carlos De Lucca, nos conduz, com ternura e sabedoria, por uma jornada de autoconhecimento e evolução espiritual.

De Lucca é um homem inquieto e de múltiplas facetas. Juiz de Direito, homem de fé, servidor incansável da seara do Cristo, criou, com a querida Cristina, uma família linda com quem eu tenho o privilégio de conviver. É fundador do Grupo Espírita Esperança, onde orienta e conduz vários trabalhadores para o serviço de assistência fraterna a tantos que têm a oportunidade de estarem com eles. Além disso, é autor de 28 livros voltados para a prática do amor e da caridade, como devotado praticante dos ensinamentos de Jesus. Por meio deles, De Lucca permite que inúmeras pessoas tenham acesso às mensagens do nosso Mestre, e ainda ajuda materialmente várias instituições de caridade por meio das doações dos seus direitos autorais. Participa de *lives*, programas de rádio, e ministra palestras edificantes, acolhedoras e inspiradoras. Ufa! Inquieto e incansável... Para ajudar as pessoas, trabalha à noite, aos sábados e domingos, sem nunca negar seu auxílio e sua presença serena, falando sobre a Doutrina, orando junto, pedindo pelos que necessitam... Eu mesma sou testemunha disso! Por isso, tenha certeza: ele escreve como quem efetivamente vive o que ensina, sabe do que fala, pratica aquilo que apregoa.

Neste livro que você tem em mãos, De Lucca reúne reflexões profundamente humanas, que tocam o coração e falam à alma sedenta de sentido. Cada capítulo é como uma aula amorosa, ministrada por um professor da vida, que compreende, acolhe e encoraja. Aliás, a metáfora da Escola para representar a nossa estada aqui na Terra é muito didática: ele usa termos como tarefa de casa, professores, ensinamentos, nosso currículo, esforço para aprender, lições assimiladas, associando nossa vivência como oportunidade bendita de crescimento, desenvolvimento, reforma íntima, missão e propósito maior de nossas vidas. Nossa "escola interior" é permanente, e o verdadeiro diploma é a transformação gerada no coração.

Esta obra nos ensina que cada prova que enfrentamos – uma doença, uma contrariedade, uma perda, uma decepção –, faz parte do currículo espiritual que precisamos vivenciar para crescer. Os mestres invisíveis – como Jesus, Allan Kardec, Emmanuel, Chico Xavier –, e os mestres encarnados – o próprio De Lucca e os inúmeros filósofos, religiosos, compositores e escritores que ele cita –, oferecem explicações, reflexões e o passo a passo para trilharmos essa trajetória encantadora que é a vida. Ao final dessa caminhada, quando alcançarmos, humildemente, a formatura da alma, perceberemos que o diploma mais valioso não é um papel, mas a felicidade que experimentamos e o amor que irradiamos.

Sou fonoaudióloga, especialista em comunicação, e tenho convicção de que a palavra, quando guiada pelo amor, tem o poder de curar, construir e iluminar caminhos. E é exatamente isso que De Lucca manifesta em suas páginas: o dom da palavra que consola, orienta e inspira. Sua "voz escrita" ecoa como uma prece serena, lembrando-nos de que é possível viver com mais leveza, propósito e compaixão.

Neste mundo, em que tantos corações se sentem perdidos, cansados ou solitários, esta obra surge como um farol – não para nos poupar das tempestades, muitas vezes necessárias para o nosso desenvolvimento –, mas para nos ajudar a atravessá-las com mais fé e esperança. Que cada lição aqui contida se transforme em semente fértil, capaz de florescer em atitudes de amor, perdão e crescimento interior.

A você, desejo uma leitura transformadora. Que, ao percorrer estas páginas, você também se sinta acolhido nesta escola divina, onde o Mestre maior é Jesus e onde José Carlos De Lucca, com humildade e luz, atua como dedicado educador da alma. Que cada palavra deste livro seja acolhida no âmago do seu ser. Que todas elas germinem como sementes de compaixão, permitindo que floresça em nós uma vida mais plena, leve e espiritualizada. Que, ao percorrer estas páginas, você descubra novos capítulos em seu próprio diário espiritual e se conscientize de que, na Escola da Vida, estamos todos aprendendo e ensinando a amar, servir e evoluir.

Vamos juntos? Feliz e abençoado aprendizado!

Com imenso carinho, admiração e gratidão,

Leny Kyrillos
Fonoaudióloga, Palestrante e
Comunicadora da Rádio CBN

Cesse, para nós outros, a concepção de
que a Terra é o vale tenebroso, destinado
a quedas lamentáveis, e agasalhemos
a certeza de que a esfera carnal é uma
grande oficina de trabalho redentor.

TELÉSFORO[1]

Aqueles que não aprendem nada sobre os
fatos desagradáveis de suas vidas forçam
a consciência cósmica que os reproduza
tantas vezes quanto seja necessário,
para aprender o que ensina o drama
do que aconteceu. O que negas te
submete, o que aceitas te transforma.[2]

CARL GUSTAV JUNG

Coração de estudante
Há que se cuidar da vida
Há que se cuidar do mundo...[3]

1 Os Mensageiros, pelo Espírito André Luiz, psicografia de Francisco Cândido Xavier, Cap. VI, FEB Editora.

2 https://www.jungnapratica.com.br

3 Canção "Coração de Estudante", composição de Milton Nascimento e Wagner Tiso.

SUMÁRIO

BREVES PALAVRAS

Sempre é motivo de grande alegria o contato com os leitores, sejam aqueles que já estiveram comigo em outros livros, sejam os novos, que me dão a honra deste primeiro encontro.

Costumo dizer que escrevo não para ensinar, mas para aprender. É uma forma de me conhecer mais a fundo, compreender a mim mesmo, a fim de entender o meu percurso no mundo. A partir disso, posso fazer os ajustes e correções necessários para que meu itinerário neste plano seja o mais proveitoso possível.

Aprendi a entender a vida como uma grande escola, na qual estamos matriculados para nos tornarmos seres humanos melhores, desenvolvendo virtudes, valores e sabedoria. É o que nos distingue dos demais animais, que, basicamente, vivem da irracionalidade e dos instintos.

Compreendo que ainda estamos nos primeiros anos dessa grande escola, aprendendo o abecedário que nos permitirá, mais adiante, escrever o nosso nome no rol de seres humanos aprimorados na arte de viver bem consigo e com o próximo, sem que tenhamos que ferir a nós mesmos e aos outros que nos cercam.

Embora reconheça a simplicidade das reflexões que apresento neste livro, espero que elas possam ser úteis à sua passagem pelas salas de aula da Escola da Vida. E faço isso orando: "Deus, hoje peço um favor especial: cuida bem das pessoas que estiverem lendo este livro, pois são meus amigos".

José Carlos De Lucca

Junho de 2025

BENDITA ESCOLA

A vida na Terra é uma excursão de aprendizado para a nossa alma imortal. Viemos do mundo espiritual e para lá regressaremos um dia.

Não somos daqui; estamos provisoriamente neste mundo físico, para desenvolver os nossos potenciais divinos e aparar as nossas imperfeições.

A finalidade da nossa presença neste plano não é exatamente o que ganharemos aqui, mas o que levaremos daqui conosco, em termos de conquistas do espírito.

Os obstáculos da vida material são os "mestres ocultos" do nosso aperfeiçoamento, funcionam como um *personal trainer* da nossa evolução. Não os rejeitemos, nem os amaldiçoemos. Aprendamos as lições disfarçadas em forma de dificuldades. Nós cresceremos muito se fizermos isso!

Não esqueçamos que a Terra, essencialmente, é a grande escola da vida, onde todos somos aprendizes. Estamos num curso intensivo de educação espiritual! Quem não se enxerga como aluno da vida, nada aprende com ela, não avança, vive em contínua recuperação escolar.

Fomos matriculados por Deus na Escola-Planetária. Nosso objetivo é crescer em amor e sabedoria, descobrir e expandir os talentos de que Deus dotou cada um de nós.

Somos seres de potência e viemos ao plano terreno para despertar essas forças interiores, por meio dos exercícios que a Escola da Vida vai nos apresentando quase que diariamente ao longo da jornada.

Os desafios na família, no lar, no trabalho, nos grupos sociais a que nos vinculamos, nos relacionamentos em geral e nos demais setores da existência são as salas de aula em que a vida nos coloca como aprendizes das lições que nossa alma tem necessidade de assimilar para bem-viver!

Quem progride na escola da vida passa de ano, evolui, e quem avança é sempre mais feliz. Bendita Escola!

2

MAIS DO QUE PÓ

Muitas tradições espirituais afirmam que a vida na matéria é uma grande ilusão. Isso se explica pelo fato de que, na Terra, tudo é transitório, impermanente, efêmero.

As conquistas materiais são temporárias; tudo é poeira, que um dia o vento das mudanças levará embora, seja na própria vida terrena, seja no instante da morte.

Nada do mundo físico nos pertence definitivamente. Tudo é empréstimo divino para que o homem, por meio das experiências materiais, desenvolva a inteligência e as virtudes do seu espírito imortal.

Tal noção nos leva a deduzir que não devemos ter como único objetivo da existência a conquista de bens e valores que, a qualquer momento, deixarão inevitavelmente as nossas mãos, queiramos ou não! Ninguém sairá deste mundo carregando ouro, joias e títulos de poder temporal. Aqui na Terra, nós não somos, nós estamos...

Isso não quer dizer que se deve desprezar os bens materiais, mas eles não devem se tornar a única preocupação do homem na Terra, nem a mais importante!

A riqueza, a inteligência e o poder foram dados ao homem não apenas para benefício próprio, mas para serem compartilhados com os mais necessitados, criando-se laços de solidariedade entre os filhos de Deus. Isso é o que Jesus quis dizer ao destacar a importância de "edificar a nossa casa na rocha".

Se as glórias do mundo, porém, nos tornam egoístas e vaidosos (o que significa, também na simbologia do Cristo, "edificar a casa na areia"), é possível que algo de errado esteja acontecendo conosco.

O excessivo apego ao que é transitório gera sofrimento e retarda a nossa evolução; impede o nosso progresso na Escola da Vida, o que significa dizer que impede a nossa felicidade!

Pensemos mais alto, mais longe e mais profundo em nossa realidade espiritual. Precisamos ser mais do que pó!

3

LEI DA VIDA

A vida se rege por leis divinas, e uma delas é a Lei de Causa e Efeito, segundo a qual nossos atos, pensamentos e sentimentos geram consequências correspondentes à natureza do que fazemos, do que pensamos e do que sentimos. É a lei do plantio e da colheita. Quem planta rosas colhe rosas; quem planta espinhos colhe espinhos. Jesus se referiu a essa máxima, ao dizer que cada um colherá segundo as suas obras.[4]

Cada escolha que fizermos na vida implicará inevitáveis consequências. Aquilo a que chamamos "destino" nada mais é do que o resultado dos caminhos que, ao longo do tempo, decidimos percorrer.

A situação que hoje desfrutamos, seja ela boa ou não, é o reflexo das escolhas feitas "ontem"; da mesma forma que hoje estamos construindo o nosso futuro com as atitudes de "agora". Comumente,

---

4 Mateus 16:27.

nos queixamos do destino, ignorando, porém, que, um dia, semeamos os ventos da tempestade que ora se abate sobre nós.

Mesmo assim, diante da noite tempestuosa, é importante saber que nosso destino pode ser modificado todos os dias, pois o mal ontem praticado, seja a nós mesmos, seja ao próximo, pode ser curado pelo bem que hoje fizermos.

A vida muda quando nós mudamos! Essa é uma das principais matérias na Escola da Vida. Sem transformação interior, não há renovação! Se não mudarmos as sementes, teremos sempre a mesma plantação. De pouco adianta a religião que não nos transforma numa pessoa melhor.

Nesse sentido, considero Jesus um revolucionário, não no sentido político do termo, mas no seu aspecto de mudança profunda do nosso jeito de viver.

Jesus inverte a lógica do mundo: prefere o perdão à vingança; a cooperação à competição; a humildade ao orgulho; a caridade ao egoísmo; a fraternidade à exclusão; o amor à indiferença. Jesus traz as sementes novas, que, uma vez plantadas, são capazes de modificar o nosso destino.

Um grande segredo da vida feliz é desenvolver a atenção no momento de fazer as nossas escolhas. Meditemos bem antes de agir, pensar, falar e sentir.

Verifiquemos as consequências de tudo, pois elas se apresentarão a nós, inevitavelmente. Será que vale a pena pagar o preço de uma colheita dolorosa em troca de uma breve satisfação?

Quanto mais conscientes estivermos, melhores escolhas faremos e mais resultados positivos colheremos. Esta é Lei da Vida!

4

PROVAÇÃO É OPORTUNIDADE

As provações que surgem em nossa vida não vêm para nos esmagar. O propósito de Deus nunca é nos aniquilar, pois Ele é o Pai que nos ama e, portanto, deseja somente o nosso bem!

Mas, então, por que sofremos? A dor é um instrumento de evolução. Sem ela, dificilmente tomaríamos consciência do quanto temos vivido em desequilíbrio, agindo em prejuízo de nós mesmos ou do próximo. A Justiça Divina, sem ser vingativa, permite que o homem tome contato com os frutos amargos das suas próprias ações, a fim de que ele desgoste do mal que praticou, modificando-se para o bem.

A dor é como um alarme que soa para avisar que algo não vai bem conosco, que nos distanciamos da harmonia, do equilíbrio, do justo e do bem, a fim de podermos ajustar a rota de nossa vida, mudando os caminhos.

Ela se assemelha a uma professora que, diante do desempenho insuficiente do aluno, atribui-lhe nota baixa, não para puni-lo, mas para que ele, tomando consciência de suas deficiências, venha a corrigi-las, superando-se.

Quando adquirimos esse olhar pedagógico que a vida tem para conosco, a dor deixa de ser vista como adversária da nossa felicidade e passa a ser percebida como uma grande benfeitora. A dor está a serviço da evolução que nós, voluntariamente, ainda não aprendemos a conquistar.

É nesse sentido que podemos compreender o ensinamento espiritual de que a dor é uma bênção que Deus envia aos seus filhos.[5] Quando a dor chega, a vida não está querendo nos punir; ao contrário, está querendo nos ajudar, está querendo nos tirar do desequilíbrio. Sem o despertar da dor, incômodo e dolorido, sem dúvida, nós continuaríamos seguindo ladeira abaixo, complicando a nossa vida com sofrimentos mais atrozes, em vez de trilharmos os caminhos do progresso.

Provação é oportunidade de promoção! Se estivermos dispostos a enfrentar os desafios com renovação interior, trabalho e bom ânimo, o Céu nos ajudará a vencer as nossas provas. É a única coisa que Deus deseja!

---

5 O Evangelho Segundo o Espiritismo, Allan Kardec, Cap. IX, item 7.

5

A LIÇÃO DE CASA

Sendo a Terra um Planeta-Escola, conforme nos orientam os Benfeitores Espirituais, natural que a grande maioria dos que aqui se encontram tenham aprendizados a fazer, os quais integram o nosso currículo evolutivo de espíritos imortais, criados simples e ignorantes e fadados a alcançar a condição de espíritos puros, iluminados.

Tal trajetória, obviamente longa, não se faz em uma única existência, assim como um aluno matriculado no Ensino Básico somente concluirá o Ensino Superior depois de muitos anos de estudo. Da mesma forma, o espírito, para alcançar os postos mais elevados da evolução, precisa percorrer muitas existências (reencarnações), pois uma única não seria suficiente para adquirir virtudes e inteligências próprias de um ser evoluído tanto intelectual como moralmente.

Essa longa caminhada, de muitos séculos, se faz em diferentes mundos, sendo a Terra um deles — um planeta que, mesmo não sendo de natureza primitiva, porque seus integrantes já fizeram alguns avanços no campo intelectual, ainda é de ordem inferior, pois aqui se encontram almas que carregam grandes imperfeições morais.[6]

Falando, então, de nós mesmos, o fato de estarmos frequentando a Escola Terrena quer dizer que já alcançamos algumas virtudes e capacidades; contudo, muitas imperfeições ainda nos caracterizam.

Por isso, a Humanidade terrestre tem experimentado tantos conflitos, tantas guerras, tantas enfermidades, tanta fome, miséria, corrupção e injustiças. Lamentavelmente, tudo isso é o reflexo do grau evolutivo dos "alunos rebeldes" que habitam este orbe.

Na "categoria escolar", a Terra mais se assemelha a uma creche de crianças e seus jogos de ego, com anseio por domínio e poder, vontade de que o mundo gire em torno de si, expectativa de que os outros atendam às suas necessidades e outros desejos ilimitados.

Deus nos matriculou na Escola-Planetária para avançarmos em nosso desenvolvimento espiritual, para que deixemos de ser pilotados por essa criança

---

6 O Evangelho Segundo o Espiritismo, Allan Kardec, Cap. III, item 13.

narcísica que, muitas vezes, habita em nós, alguém que imagina ser o centro do Universo, que não se importa com os outros, tampouco se responsabiliza pela própria felicidade.

Essa criança precisa crescer, alfabetizar-se espiritualmente. Jesus é o Divino Coordenador Pedagógico dessa Escola! Amar como ele nos ama é o nosso principal aprendizado. Que estejamos mais disponíveis para o amor, a começar por nós mesmos, alcançando também os demais alunos da Escola da Vida.

Amar é cuidar, de nós e do outro. É verbo que se conjuga com ações simples no dia a dia; é enxergar em cada criatura, como também em nós, o sagrado que habita todos os filhos do Pai, tratando-os como irmãos do coração, como se fossem velhos amigos, fazendo por eles tudo o que estiver ao nosso alcance, tal como gostaríamos que fizessem conosco. Esse é o propósito maior da nossa passagem por este mundo.

Vamos transformar a Terra num mundo mais amoroso? É a nossa lição de casa!

6

BEM OCULTO

No curso da existência, sobrevindo as dificuldades e atribulações, caímos frequentemente na tentação de nos entregar a um perigoso trio de forças negativas que somente agravam a nossa situação: a queixa, a revolta e a inércia.

É preciso compreender que a vida nunca está contra nós, porque nós também somos vida de Deus. Sendo assim, como a vida não pode se voltar contra ela mesma, é possível concluir que toda dificuldade traz em si um bem disfarçado.

Napoleon Hill afirma: "Cada adversidade, cada fracasso, cada dor de cabeça carrega consigo a semente de um benefício igual ou maior".[7]

Ninguém nega, por exemplo, que uma cirurgia causa apreensão e desconforto. Mas é inegável o bem que ela pode nos proporcionar, ao restabelecer

---

7 https://www.pensador.com/frase/MTA2MjE4NQ/ (acesso em 25/5/2025)

a saúde que está em risco. A evolução, como Lei Divina, costuma fazer "cirurgias" quando a nossa alma está em perigo!

A vida está sempre do nosso lado, o que quer dizer que ela trabalha sempre pelo nosso melhor, ainda que, para isso, tenhamos que experimentar dores e apertos. É como o suco da laranja que, para ser obtido, é preciso espremer o fruto.

Evitar a queixa, aceitando as lições que a vida nos apresenta; suportar com paciência as "espremidas" que os problemas nos trazem; fugir da revolta e trabalhar pelo nosso aprimoramento serão sempre as soluções verdadeiras para as nossas dificuldades! Vamos lá?

RECOMEÇAR

Um provérbio oriental aconselha: *Caia sete vezes; levante-se oito.*

Na condição de espíritos ainda imperfeitos, isto é, incompletos, inacabados, estamos sujeitos a muitos erros, escolhas infelizes, atitudes insensatas, as quais nos farão cair no chão do fracasso e da desilusão.

Todo ser humano se equivoca em variados momentos da vida, e é natural que assim seja, porquanto ainda não somos espíritos completos, perfeitos. Saibamos, porém, que as nossas quedas são pedagógicas, pois nos ensinam onde estão os nossos pontos fracos, que precisamos fortalecer.

Ninguém cai para ficar indefinidamente no chão! Cai para aprender com a queda e levantar-se para seguir adiante, capacitando-se com os próprios tombos. No entanto, é preciso uma boa dose de humildade para raciocinar dessa maneira, pois nosso orgulho, geralmente, nos leva a responsabilizar terceiros pelo nosso insucesso.

Se cair, então, for inevitável, levantar-se é fundamental! Muitos, naturalmente, caem; poucos, porém, se levantam. Acomodam-se ao chão, lamentando suas quedas. Esquecem-se de que a vida é uma longa caminhada, que não deve ser interrompida por nossos previsíveis tropeços.

Quando o fracasso nos visita, é compreensível que venhamos a lamentar o ocorrido. Mas não nos demoremos no chão! Jesus curou muitas pessoas orientando-as para que se levantassem e seguissem em frente!

Recomeçar é tomar a vida de volta para nós. Lembremos disso, sempre!

8

FLORESÇA

Ao nos criar à Sua imagem e semelhança, Deus colocou em nós as sementes da bondade, da inteligência, da justiça e da capacidade de cada um construir um caminho de felicidade!

Mas o desabrochar dessas sementes é tarefa de cada um. Cultivá-las através do exercício da nossa vontade e da ação, vigiando para que as ervas daninhas do mal não as sufoquem, é um trabalho evolutivo diário e perseverante, porém de grandes resultados para a nossa felicidade!

Cada um de nós é o agricultor da própria vida. As sementes boas já nos foram dadas por Deus. Mas é necessário cuidar da terra, adubá-la, aguá-la com fé e otimismo, sabendo esperar a semente crescer, virar planta e depois dar o fruto.

Esse trabalho começa por acreditar que as sementes são excelentes e que ninguém foi privado delas. Deus não privilegia alguns em detrimento de outros. Todos os espíritos são criados em condições de igualdade; contudo, nem todos acreditam nos dons com que Deus dotou cada um dos seus filhos queridos.

Duvidar de si mesmo, não confiar na força e na capacidade que cada um carrega dentro de si, na condição de herdeiros diretos do Pai, a Inteligência Suprema do Universo, é criar um complexo de inferioridade capaz de impedir o florescer das nossas sementes.

Quando olhamos para nós de forma negativa, acabamos maximizando as dificuldades e minimizando a nossa capacidade de vencê-las. Já entramos no jogo (aliás, muitas vezes sequer entramos) nos sentindo derrotados. E pensamos: "para que jogar se eu sei que não tenho condições de vencer?". E assim seremos derrotados, sem dúvida, confirmando nossa "profecia autorrealizável" de que somos incapazes.

Precisamos corrigir essa distorção de autoimagem negativa! Jesus também foi Mestre nesse particular, ao exortar que nossa luz deve brilhar para que os homens vejam as nossas boas obras![8] Não apaguemos a nossa luz; ao contrário, vamos fazê-la brilhar, porque nós não fomos feitos do barro da terra, mas sim da luz das estrelas!

---

8 Mateus 5:16.

Evidentemente, não basta simplesmente crer em si, somente confiar nas sementes que Deus plantou em cada um de nós, sem qualquer ação efetiva. É preciso trabalhar a semente, isto é, fazê-la desabrochar, por meio do nosso esforço, aprendizado, trabalho constante e uma boa dose de paciência para aguardar a semente crescer.

É importante, porém, que você confie nas suas sementes e trabalhe firme para que elas floresçam, tendo sempre em mente que a Escola da Vida é o imenso jardim onde Deus nos plantou para florir e frutificar!

9

O QUE ATRAI OS NOSSOS PROBLEMAS

Chico Xavier afirmou: "A nossa imperfeição atrai os problemas pelos quais vamos atravessando; existe uma certa identificação entre aquilo que somos e as circunstâncias da vida no mundo de provas e expiações em que estamos vivendo..."[9]

Duas conclusões podemos tirar dessa afirmação:

a) os problemas decorrem do nosso atraso espiritual, são o reflexo das nossas atitudes contrárias ao bem;

b) os problemas exercem uma função educativa para o nosso espírito, estimulando-nos a corrigir em nós mesmos o que lhes deu origem.

Em suma, nós atraímos os problemas que precisamos para evoluir. Não podemos desejar uma escola à qual vamos apenas para brincar e nos di-

---

9 Orações de Chico Xavier, p. 89, Carlos A. Baccelli, LEEPP.

vertir. O mesmo ocorre quando se trata da Escola da Vida, pois ninguém veio a este mundo para "passar férias". Aqui estamos para evoluir, para trabalhar os nossos pontos fracos, as nossas insuficiências. E, na vida, as lições são práticas e o currículo pedagógico é individualizado, de acordo com as necessidades evolutivas de cada um.

Se, por exemplo, sou uma pessoa desregrada e displicente com o meu corpo, inevitavelmente a doença surgirá, obrigando-me, quase que compulsoriamente, a ser mais comedido em meus hábitos e mais cuidadoso com a minha saúde. A doença irá fatalmente me intimar a fazer aquilo que, voluntariamente, eu estiver negligenciando.

Isso nos leva a concluir que, diante das dificuldades de qualquer natureza, nunca estaremos sendo punidos por Deus; ao contrário, estaremos sendo ajudados pela Sabedoria Divina a corrigir em nós mesmos as causas profundas da nossa infelicidade.

O melhor caminho, portanto, é aceitar a prova, extraindo a lição que ela está nos trazendo e fazendo o nosso dever de casa.

10

NÃO DESISTA

Conta-se que um homem, atormentado por uma avalanche de problemas que lhe pareciam insolúveis, passou a cogitar dar fim à própria existência. Vagando, altas horas da noite, pelas ruas, planejando aniquilar sua vida, chamou-lhe a atenção uma casa humilde, que tinha um dos seus cômodos iluminado por uma luz bruxuleante.

Curioso, aproximou-se. Bateu à porta. Atendeu-lhe um senhor idoso, que, gentilmente, o convidou a entrar até o quarto iluminado por um simples toco de vela. O visitante perguntou:

— O que o senhor está fazendo acordado a esta hora?

— Como você vê, pelos objetos à mesa, eu sou sapateiro e estou trabalhando; preciso consertar um sapato.

— Mas já está tarde, e a vela está quase se apagando — respondeu o visitante.

Com olhar sereno, o sapateiro respondeu:

— Enquanto a luz estiver acesa, ainda é possível consertar!

Essa pequena história vale para todos nós, sobretudo nos momentos em que nos achamos sobrecarregados de aflições, imaginando que tudo está perdido, que nada mais nos resta fazer.

Lembre-se: enquanto a luz estiver acesa, ainda que seja a luz de um toco de vela, sempre será possível consertar, isto é, sempre será possível encontrar uma saída, sempre haverá uma porta aberta nos aguardando!

Sejamos como o sapateiro que continua trabalhando perseverantemente, cumprindo suas obrigações, dando o melhor de si mesmo e confiando nas soluções de Deus.

Enquanto há vida, há caminhos!

11

POBRES DE EGO

A humildade é uma das virtudes mais importantes para o nosso progresso material e espiritual, sendo matéria obrigatória no currículo da Escola-Planetária.

A humildade nasce de uma consciência profunda de nós mesmos, de conhecermos nossas forças e nossas fraquezas, nossa luz e nossa sombra, nosso conhecimento e nossa ignorância, nossos potenciais e nossos limites.

Somente aqueles que conhecem a si mesmos podem se tornar humildes. O autoconhecimento é uma lanterna que ilumina os quartos escuros da alma!

Quem adquire essa consciência torna-se naturalmente humilde, pois, tendo mergulhado na complexidade dos seus "direitos e avessos" e percebido que, embora tenha as mãos apontadas para o Céu, seus pés ainda estão sujos de lama, deixa de se julgar superior ou inferior aos outros; torna-se mais compreensivo com as próprias falhas e as alheias, relacionando-se melhor consigo e com o próximo.

Por reconhecer as suas imperfeições, limites e fraquezas, a pessoa humilde abre espaço íntimo para a necessidade do autoaperfeiçoamento e passa a dar mais atenção aos seus pontos fracos, evitando tropeços ou corrigindo-os tão logo forem surgindo.

A humildade é um modo de viver com mais leveza e simplicidade; ela nos humaniza, mantém o nosso ego em níveis aceitáveis, modula as nossas ambições, pois traz contentamento com o que somos e com o que temos e nos aproxima mais de Deus.

Por tudo isso é que Jesus afirmou: "Felizes os humildes".[10]

10 Mateus 5:5. A Bíblia na Linguagem de Hoje, O Novo Testamento, Sociedade Bíblica do Brasil.

LEVE PAZ AO SEU CORAÇÃO

A oração de São Francisco começa com o seguinte pedido: "*Senhor, fazei-me instrumento de vossa paz.*"

Para que nos tornemos instrumentos da paz, precisamos ter paz em nós mesmos. Sem essa paz em nós, não haverá paz ao redor de nós. Sem paz no coração dos homens, não haverá paz no mundo! Para levar paz ao próximo, precisamos cultivá-la internamente! Para acabarmos com as guerras do mundo, precisamos primeiramente acabar com as guerras que se estabelecem em nosso próprio mundo íntimo!

No mais das vezes, o que combato nos outros é o que não consigo aceitar em mim mesmo. E projeto esse conflito atacando as pessoas, como forma de aliviar minhas guerras interiores não resolvidas.

Dessa forma, comecemos a levar paz ao próprio coração. Muitas vezes, estamos tomados pelo ódio, pelo desamor, pela ofensa ou pela culpa, pela sensação de abandono e rejeição, descarregando todo esse amargor nas pessoas.

Então, vamos nos incluir na proposta de Francisco de Assis e começar levando amor ao nosso coração, muitas vezes carente; perdão às nossas culpas e mágoas; compreensão às nossas fragilidades; ânimo ao nosso abatimento; fé e esperança às nossas tribulações e a luz de Deus para a nossa escuridão.

Que nós possamos levar ao próximo o que estamos oferecendo primeiramente à nossa própria alma. É comum aconselharmos os outros com a prática de boas atitudes, as quais, não raro, nós mesmos não estamos seguindo. No fundo, o que mais ensinamos aos outros é a nossa própria lição de casa.

Quando me perdoo, pacifico-me e, naturalmente, torno-me instrumento da paz. Quando reconheço minhas falhas e imperfeições, humanizo-me e sou levado a compreender melhor a imperfectibilidade dos outros, deixando de julgá-los e condená-los. Apenas compreendo. Isso também gera paz!

Quando percebo que também tenho necessidade de ser amado, predisponho-me a ser amoroso comigo, e um estado de serenidade íntima me invade, irradiando naturalmente amor e paz a quem cruzar meu caminho. Quando, enfim, a maioria das pessoas for capaz de tocar o coração do outro, a guerra irá se dissipar, e o mundo inteiro, então, ficará em paz!

Paremos as guerras, começando pelas nossas!

PARA FALAR COM DEUS

A oração é alimento indispensável à nossa alma. Ela é o nosso fio de ligação com Deus, através do qual somos fortalecidos, encorajados e inspirados pelas Forças Divinas.

Aquele que ora se torna mais resiliente diante das lutas de cada dia; age com mais acerto, pois se coloca em condições receptivas para captar a inspiração do Alto.

A oração tece uma verdadeira armadura espiritual contra as influências negativas vindas de mentes que não simpatizam conosco, estejam elas encarnadas ou desencarnadas. Orar pelos inimigos, conforme recomendou Jesus, desejando-lhes todo o bem de que necessitam, nos coloca em condições vibratórias superiores, onde o mal não nos alcança.

Quem ora habitualmente sintoniza com mais facilidade a Mente Divina, de modo a agir com mais acerto e a sentir com mais intensidade o amparo que verte do Céu. A oração nos faz sentir Deus próximo de nós!

A prece não requer formalidades, tampouco o uso de palavras sacramentais. Quanto mais espontânea, melhor! Deus quer apenas ouvir o nosso coração sincero e que nos apresentemos a Ele como somos e como estamos.

Não tenhamos constrangimento em procurar o contato com Deus em razão dos nossos vacilos, erros e culpas. Ao contrário, é nessas circunstâncias que Deus mais deseja nos encontrar. Não usemos máscaras e camuflagens na oração, pois Deus nos conhece a fundo! Ele só quer saber se a gente se conhece mesmo, quer saber se o doente tem consciência de que está doente e precisa de remédio.

Em belíssima música, Gilberto Gil cantou: "Se eu quiser falar com Deus, tenho que me ver tristonho, tenho que me achar medonho, e apesar de um mal tamanho, alegrar meu coração".[11]

Quando a ovelha perdida procura o seu pastor, este vem correndo ao seu encontro para socorrê-la!

---

11 Canção "Se eu quiser falar com Deus".

MULTIPLICAR AS BÊNÇÃOS

Irmã Scheilla nos brinda com precioso ensinamento:

"Seja onde for, abençoa para que a bênção dos outros te acompanhe. Todas as criaturas e todas as cousas te respondem, segundo o toque de tuas palavras ou de tuas mãos."[12]

A vida funciona segundo a lei de reciprocidade, porque estamos todos ligados pelo mesmo fio divino. Tudo se interliga por uma rede cósmica em que influenciamos e somos influenciados uns pelos outros, recebemos o que damos, na mesma medida.

Se alguém pratica o mal, não há corpo fechado que esteja imune ao retorno do que fez. Da mesma forma, o bem que fizermos retornará igualmente a nós mesmos. Dessa lei ninguém escapa!

No mais das vezes, o retorno é imediato. Se agrido outra pessoa, utilizando força física ou palavras

---

12 Visão Nova, autores diversos, psicografia de Francisco Cândido Xavier, p. 11, IDE Editora.

rudes, é provável que a pessoa agredida passe a nutrir por mim sentimentos de ódio e aversão, formando energias negativas, que podem me causar problemas variados.

Mesmo que a vítima me perdoe e não me deseje mal algum, isso será muito bom para ela, mas não me furtará de responder pelos meus atos contrários ao bem universal, a fim de reeducar as minhas tendências agressivas.

Há de se ver, ainda, que as Leis Divinas não constam apenas dos textos sagrados; mais do que em livros, elas estão escritas em nossa consciência.[13] Isso quer dizer que, toda vez que faço o mal, mesmo que ninguém o saiba e nenhum tribunal do mundo tome conhecimento, a minha própria consciência registrará a culpa e, amanhã ou depois, exigirá a devida reparação, sem a qual minha alma não ficará em paz, até pagar o último ceitil, como afirmou Jesus.[14]

Da mesma forma, o bem praticado é uma bênção para nossa vida, é o que nos garante a felicidade verdadeira. Abençoar é levar o bem ao próximo, seja através de palavras, pensamentos ou atitudes. O sorriso, a palavra confortadora, o prato de comida, o perdão das ofensas, tudo isso são chuvas de bênçãos que, no final das contas, cairão também sobre os nossos próprios passos!

---

13 O Livro dos Espíritos, Allan Kardec, questão n. 621.

14 Mateus 5:26.

NOSSOS PROFESSORES

Quando nos depararmos com obstáculos na caminhada, interpretemos a ocorrência como valiosa oportunidade de progresso! Ao surgirem os problemas, não pensemos que a vida está brigando conosco, tentando nos derrotar.

Ao contrário, as dificuldades surgem para provocar em nós mudanças positivas, por intermédio das quais temos a oportunidade de desenvolver virtudes e capacidades ainda em estágio embrionário.

Precisamos lembrar sempre que estamos matriculados num Planeta-Escola, cujo objetivo é o nosso aprimoramento intelectual e moral. Tal qual ocorre em toda escola, no Educandário-Terrestre, os alunos também têm lições a aprender, tarefas a fazer e provas para verificação do aprendizado feito.

As salas de aula do Planeta-Escola estão nos locais onde Deus nos plantou. Uma das salas é a nossa família. Parentes difíceis são “professores” que, indiretamente, nos estimulam a desenvolver virtudes que ainda não foram bem assimiladas, como a paciência, a aceitação, o perdão, a alteridade[15] e o amor fraternal!

Dificuldades no campo material são oportunidades para muitos aprendizados, como, por exemplo: afeição ao trabalho, perseverança, autoconfiança, criatividade, aprimoramento intelectual, habilidade para trabalhar em equipe, moderação nos gastos, aprender a viver com mais simplicidade...

Problemas no campo da saúde são ótimos professores para uma vida mais equilibrada; ensinam paciência, humildade, autoamor, solidariedade e transitoriedade da vida física.

A vida terrena se assemelha a uma grande Universidade, onde somos a todo instante treinados para crescer, para nos aprimorarmos, enfim, para evoluir. Fugir dos “professores” é retardar o nosso progresso e, por consequência, a nossa felicidade!

Vocês provavelmente concordarão comigo que, ao longo de nossa vida escolar propriamente dita, os melhores professores foram os mais exigentes, não é? Tivemos que nos aplicar muito para sermos aprovados. Assim também é na Escola da Vida! Os problemas mais difíceis são aqueles que nos trarão os melhores resultados em termos de crescimento humano e espiritual. Vamos lá tirar boas notas!

---

15 Alteridade é o reconhecimento e o respeito das diferenças entre as pessoas (nota do autor).

16

RECEITA PARA A SAÚDE DA ALMA

A conquista da saúde não pode ser vista unicamente do ponto de vista físico. A saúde não se concentra apenas no corpo, ela também envolve a saúde da mente, das emoções e do espírito.

Curar a doença vai muito além dos cuidados necessários com o organismo físico, porque, na essência, corpo, mente e espírito estão profundamente interligados, de modo que, a rigor, não é somente o físico que adoece, é a pessoa como um todo.

Não é apenas o colesterol ruim que nos faz padecer. O ódio e a mágoa também afetam a nossa saúde como um todo. Não é unicamente o sedentarismo que nos predispõe a diversas enfermidades; a inércia, a apatia e o derrotismo também nos fazem adoecer.

Não são meramente o tabagismo e o alcoolismo que prejudicam a nossa saúde; a maledicência, a inveja e o pessimismo também derrubam as nossas forças orgânicas. Não é simplesmente a má alimentação que ocasiona distúrbios físicos; os maus pensamentos e sentimentos também agridem o nosso corpo.

Há, portanto, de se pensar na saúde de forma integral. Cuidar do corpo e do espírito, pois o bom funcionamento de um depende do bom funcionamento do outro.

É preciso seguir as orientações médicas para a harmonia do corpo físico e buscar, simultaneamente, a harmonia interior para a saúde do espírito. A oração, o autoconhecimento, o perdão, a bondade, a humildade, a alegria, a vivência do nosso propósito de vida, todos esses são remédios indispensáveis à saúde da alma e estão disponíveis a qualquer um.

Se estivéssemos diante de um médico do espírito, o que você acredita que ele nos receitaria?

Vale a pena fazer essa consulta!

AO INICIAR O DIA

É importante iniciar o dia com uma prece que nos predisponha a viver as horas que teremos pela frente com otimismo e consciência espiritual da missão que viemos realizar no mundo. Nos monastérios budistas, costuma-se recomendar aos monges, tão logo despertem, que recitem as seguintes palavras:

Ao acordar de manhã, sorrio.

Vinte e quatro horas novinhas em folha estão diante de mim.

Eu me comprometo a viver profundamente cada momento.

E olhar para todos os seres com olhos de compaixão.[16]

---

16 Zen e a Arte de Salvar o Planeta, Thich Nhat Hanh, p. 124, editora Vozes.

Sorrir para o dia que amanhece é uma forma de agradecer o grande presente que a vida está nos dando! Hoje mesmo, muitos não acordaram, talvez tenham deixado a experiência física com um sentimento de vazio e arrependimento, porque viram inertes a vida passar, sem que tenham passado ativamente pela vida.

Viver cada momento com profundidade é colocar a atenção em todas as ocorrências do nosso dia, sobretudo naquelas mais simples, em que, aparentemente, nada de importante estiver acontecendo. Há tesouros preciosos escondidos bem debaixo de nossos pés!

Quantas vezes realizamos tarefas e nem nos damos conta de que as fizemos! Nosso corpo estava num lugar; nossa cabeça, em outro. Isso, além de nos causar mais estresse, rouba-nos a satisfação interior proporcionada quando corpo e mente estão unidos e desfrutando a singularidade do momento. Trata-se do estado de presença contínua do espírito a que muitos chamam de puro estado meditativo.

Precisamos desenvolver olhos de compaixão para todos os seres que cruzam o nosso dia. Compaixão é o sentimento de piedade para com a dor de cada um e o desejo de curar ou, ao menos, abrandar as feridas do outro.

Não existe uma vida isolada da outra! Somos todos uma unidade em Deus; as pessoas que vejo sofrer ao meu lado também são aspectos da minha própria vida, de modo que, quando lhes estendo a mão, estou também curando as minhas feridas.

Que tal, então, nos unirmos aos monges para orarmos e praticarmos juntos essas divinas lições para um dia feliz?

18

CONFISSÃO

É difícil para nós não julgar o próximo. Para nos ajudar a superar essa dificuldade, que tanto mal nos faz e a quem é julgado também, trago esses versos de Maria Dolores:

Revendo as faltas que tenho, das mais diversas e feias,

É que tenho tanto empenho, em ver as falhas alheias.

Tantas vezes, vivo errada! Senhor, guarda-me no bem,

Também eu caio na estrada, não posso julgar ninguém![17]

O poema nos leva a refletir sobre as nossas próprias imperfeições, "das mais diversas e feias"; a

---

17 Esperança e Luz, Espíritos diversos, psicografia de Francisco Cândido Xavier, p. 59, FEB Editora.

rever nossas quedas e falhas, e tudo com o propósito de nos situar em pé de igualdade com as pessoas que julgamos. Estamos todos na mesma sala de aula na Escola da Vida!

A propósito, caímos frequentemente numa armadilha psicológica consistente em procurar defeitos nos outros, na vã tentativa de camuflar os nossos! Por isso, Jesus observou que enxergamos o cisco que está no olho do nosso irmão e não vemos a trave de madeira que está em nosso olho.[18]

Jesus não propriamente faz uma crítica às nossas imperfeições, mas, sim, ao fato de cobrarmos perfeição dos outros, sendo nós ainda imperfeitos!

Façamos, portanto, a nossa confissão, como fez Maria Dolores. Basta nos olharmos no espelho, sem máscaras, e reconhecer que não somos anjos, não somos invulneráveis e infalíveis, mas seres humanos ainda nos primeiros anos da Escola da Vida. Como afirma Carl Gustav Jung: "Conhecer a sua própria escuridão é o melhor método para lidar com a escuridão dos outros."[19]

Fatalmente, nos tornaremos mais humanos, mais compreensivos conosco e com os outros. E, convenhamos, isso é bom demais!

---

18 Mateus 7:3-5.

19 https://www.pensador.com/frase/MTc2OTQwNA/(acessoem29/5/25).

PERDOAR AS PEDRAS DA VIDA

Aconselha Bezerra de Menezes a perdoarmos as pedras da vida pelo ouro de experiência e de luz que nos oferecem.[20]

Inevitavelmente, em variados trechos da vida, todos se deparam com pedras no caminho: obstáculos variados, portas fechadas, fracassos, pessoas de trato difícil, desencontros, enfermidades, perdas... Enfim, ninguém passa pela vida sem encontrar suas pedras.

Embora elas nos causem dificuldades e impedimentos, revoltar-se não é a melhor solução para removê-las. O bisturi corta, é verdade, mas, sem ele, a cirurgia restauradora não se realiza.

---

20 Bezerra, Chico e Você, psicografia de Francisco Cândido Xavier, p. 83, GEEM editora.

Assim como numa atividade física se costuma aumentar o grau de dificuldade do exercício para fortalecer a musculatura do praticante, as pedras da vida, de igual forma, funcionam como recursos pedagógicos destinados ao fortalecimento da nossa musculatura espiritual, propiciando ao espírito força e resistência para atividades mais avançadas.

O esforço de remover as dificuldades desenvolve o nosso potencial interior, fortalece, aprimora, engrandece a alma. Fugir das pedras é perder a oportunidade de crescer, de aprender, de promover-se na vida!

O herói é aquele que não foge das suas batalhas! O médico respeitado é o que luta contra doenças graves! O professor reconhecido é o que consegue cativar alunos desinteressados!

Ninguém reconhecerá sua própria força se não enfrentar ventos contrários. A favor da correnteza, todo mundo nada de braçada!

Feliz é o homem que consegue transformar pedras em degraus para sua ascensão!

20

CONSCIÊNCIA DESPERTA

Explica Léon Denis que a alma é uma partícula da essência divina projetada no mundo material.[21]

Carregamos, em estado virtual, todas as potencialidades divinas. A experiência na matéria visa a transformar, pouco a pouco, o virtual em real. Nossa jornada é sair da consciência de sono (ignorância de nós mesmos) para a consciência desperta da nossa natureza divina!

Viemos ao mundo para descobrir a nós mesmos; todos os nossos talentos, força, capacidades, inteligência e amorosidade com que Deus esculpiu cada um de nós. Nenhum filho foi criado pelo Pai Eterno desprovido desses recursos!

É importante lembrar que Deus está em nós, portanto a nossa maior descoberta não será tanto o que nos rodeia, as coisas do mundo externo, mas

---

21 O problema do ser, do destino e da dor, p. 161, FEB Editora.

o que nos constitui, a essência mais pura e sagrada que nos habita! A maior vitória na vida é conquistar a nós mesmos!

Mas tudo se encontra em estado latente, carecendo ser despertado, desenvolvido, amadurecido. A vida na matéria oferece obstáculos, contrastes e limitações, exatamente para que o homem, não se conformando com aquilo que impede a marcha acima, busque superar os entraves, com o que desenvolverá habilidades que, até então, sequer tinha conhecimento de que era possuidor.

Assim a Humanidade tem feito progressos admiráveis nos campos científico e tecnológico. Porém, no campo moral, ainda marchamos lentamente. Temos conhecimento e meios para navegar pelo espaço sideral, porém nos custa muito ainda nos relacionarmos com as pessoas de forma fraterna e solidária.

A Luz nós já a possuímos; falta-nos fazê-la brilhar, não apenas na inteligência, mas, sobretudo, no coração!

21

NOSSA RESSURREIÇÃO

Escrevo este capítulo num Domingo de Páscoa, envolvido pela mensagem da ressurreição de Jesus e buscando entender o seu significado em nossa existência.

Embora muita coisa possa ser dita a respeito, basicamente entendo que a Páscoa, na perspectiva cristã, simboliza a vitória da vida sobre a morte, do amor sobre o ódio, do perdão sobre a culpa, da alegria sobre o sofrimento!

Aparentemente, a missão de Jesus teria fracassado na cruz. Para aqueles que acreditavam que o Nazareno viria libertar o povo judeu do jugo romano, a crucificação foi uma tremenda decepção. Poucos entenderam, e muitos até hoje não entendem, que a grande mensagem de Jesus consistia, e persiste, na libertação do egoísmo, do orgulho e do materialismo, razões do grande sofrimento que se abateu sobre a Humanidade e ainda perdura, lamentavelmente.

Jesus, Mestre de Sabedoria, tinha plena noção de que não adiantaria mudar a estrutura política do mundo, sem mudar primeiramente o coração dos homens. Corações secos, fechados, preconceituosos, soberbos e voltados exclusivamente aos próprios interesses não são capazes de edificar um mundo feliz, qualquer que seja o regime político vigente. Não é o sistema novo que muda o homem velho; é o homem renovado pelo amor que muda o sistema velho!

Da mesma forma, não é simplesmente por frequentar o templo religioso, seja ele qual for, que nossa vida muda; ela muda conforme mudamos por dentro, o que possibilita as mudanças "por fora". E mudar por dentro quer dizer diminuir o espaço do ego e abrir campo para o amor; menos egoísmo e mais caridade, menos orgulho e mais humildade.

Celebrar a Páscoa, na ótica de Jesus, significa ressuscitar o melhor que há em nós, e que foi crucificado pelo egoísmo, pelo orgulho, pelo ressentimento, pelo ódio, pelo fracasso, pela culpa e por tantos outros espinhos decorrentes de um coração que ainda se fecha ao amor. A Páscoa é um renascimento da vida que não estava sendo vivida por ausência de amor.

Jesus nos desperta para a realidade divina de cada criatura, para o Reino de Deus que está dentro de nós; para o amor do Pai que nos habita e nos torna melhores uns para os outros; para a compreensão da vida imortal, que nos impulsiona a caminhar sempre adiante, sem jamais desistir de nós mesmos, desistir de nossos sonhos, desistir das pessoas, desistir do mundo, pois estamos infalivelmente destinados à vitória da luz sobre as trevas!

Cristo vive e nos procura todos os dias! É ele o grande Educador da nossa Escola. Seguindo seu caminho, todo dia será Páscoa, dia de ressuscitar o amor em nós!

REMÉDIOS DO CRISTO

Das Esferas Crísticas, a Humanidade recebeu esta consoladora mensagem:

Sou o grande médico das almas, e venho vos trazer o remédio que deve curá-los; os fracos, os sofredores e os doentes são meus filhos prediletos, e venho salvá-los. [...] Que a impiedade, a mentira, o erro, a incredulidade, sejam extirpados de vossas almas doloridas; são estes os monstros que se saciam de vosso sangue mais puro, e que vos ferem quase sempre mortalmente.[22]

Ao lermos atentamente essa mensagem, com a razão e o coração, sentimos Jesus falando novamente conosco. Cheio de compaixão, ele relembra sua condição de médico de nossas almas enfermas e reforça o seu desejo de nos curar.

---

22 O Evangelho Segundo o Espiritismo, Allan Kardec, Cap. VI, item 7, tradução de Salvador Gentile, IDE editora.

Tenhamos o Médico Jesus bem próximo de nós. Agora mesmo, ele pode nos medicar, desde que estejamos receptivos ao seu tratamento para nossa alma imortal, e não apenas para o nosso corpo transitório.

O remédio mais profundo do Cristo é o seu ensinamento de amar a Deus e ao próximo como a si mesmo, medicamento que trabalha o egoísmo e o orgulho, causas que devoram a nossa energia vital e que, por consequência, ferem o nosso corpo físico, debilitam a nossa vontade, perturbam o nosso discernimento, desequilibram as nossas emoções, arrastando-nos a dores e sofrimentos vários.

Por isso, no receituário de Jesus, encontraremos, dentre outros, os seguintes remédios:

Aprendei de mim que sou manso e humilde de coração;
Não faça a seu próximo o que não deseja que façam a você;
Seja misericordioso;
Perdoe setenta vezes sete vezes;
Divida o pão com seu irmão;
Ame o seu próximo como a si mesmo;
Faça a vontade do Pai que está no céu.

Enfim, "amorterapia" cura a nossa vida! Não peçamos a Jesus que ele apenas nos cure, mas que possamos nos autocurar, por meio das medicações do Evangelho que ele nos prescreveu.

UM NOVO FIM

Não raro, estacionamos a nossa vida na fixação dos acontecimentos infelizes do passado, seja lamentando o mal que nos fizeram, seja nos culpando pelo mal que praticamos.

Assim agindo, entramos num processo de ruminação mental, que exaure as nossas forças, abala a nossa autoestima e, pior, não leva a nossa vida adiante.

Vivemos, muitas vezes, como aquela pessoa que, tendo sido atingida por uma flechada e mesmo sangrando e sentindo fortes dores, está preocupada apenas em saber quem atirou a flecha, nada fazendo para tirá-la do corpo.

Comumente, quando vivemos à caça de culpados para os nossos problemas, ainda que a culpa, na verdade, recaia sobre nós, esquecemos das soluções que precisamos tomar para fechar nossas feridas e seguir em frente.

Não é saudável permanecer preso à história infeliz que nos aconteceu, como se ela fosse um ponto final em nossa jornada, como se ela nos definisse por inteiro, ignorando a nossa capacidade de transformar experiências malsucedidas em aprendizados positivamente transformadores da nossa existência!

Irmã Scheilla aconselha: "Não dê guarida a mágoas e rancores. Entregue ao tempo toda ofensa".[23] É preciso, então, desapegar-se das ofensas, dos rancores, soltar tudo o que feriu seu coração, retirar a flecha que o atingiu, pois, sem isso, a ferida continuará sangrando e doendo.

Sei que você deve estar sofrendo; porém, procure não se vitimizar, pois, do contrário, a flechada comandará a sua vida, será o enredo da sua história, cuja apoteose será triste e muito sofrida. Eu tenho certeza de que, se você tiver um pouco de amor por si mesmo, não permitirá que sua vida seja, afinal, comandada pelos outros, permanecendo você como espectador inerte da própria vida! Chame o amor para ajudá-lo a mudar a narrativa dessa história!

Igual conselho também se aplica quando vivemos carregando culpas por tempo demasiado, paralisando a nossa vida. Somos seres humanos em constante construção da nossa evolução. Ninguém

23 A Mensagem do dia, psicografia de Clayton Levy, p. 25, Editora Allan Kardec.

está totalmente pronto! Não aceitar essa realidade pode ser sintoma de um orgulho exacerbado, que não admite falhas, porque exige perfeição de tudo, de todos, inclusive de si mesmo.

Dessa forma, sejamos mais modestos, humildes, aceitando as naturais imperfeições da vida, começando pelas nossas, e procurando lidar com o passado de forma mais sábia, pois, como teria dito Chico Xavier, ninguém pode voltar atrás e fazer um novo começo, mas todos podemos começar agora e fazer um novo fim!

Que tal?

24

AS DUAS CAIXAS

Encontre tempo para o descanso do corpo e da mente. Cuidado com o excesso de atividades. O filósofo Sócrates afirmou que precisamos tomar cuidado com o vazio de uma vida ocupada demais.

Muitas vezes, estamos envolvidos em tantas atividades, que acabamos perdendo a conexão com nós mesmos, com os outros e com nosso propósito de vida. Entramos numa engrenagem veloz, ininterrupta e massacrante, de muitos compromissos e cobranças por produtividade, performance e *status* social, que nos levam ao distanciamento profundo da nossa alma e da própria vida.

Nessa toada, acaba não sobrando espaço para o sentir, apenas para o fazer. Nosso corpo vai paulatinamente se dissociando dos prazeres da alma. E o tédio e o vazio interior começam então a se manifestar, sinalizando que algo precisa ser mudado...

Embora reconhecendo que a vida moderna nos cobra o exercício simultâneo de vários papéis, devemos encontrar tempo para o descanso do corpo e da mente; para ficarmos a sós, curtindo a nossa própria companhia; para contemplar as belezas da vida e cultivar um contato mais direto com a natureza; para as conversas em família e as reuniões informais com os amigos; para a leitura de obras inspiradoras; para a música e as artes em geral; para um *hobby* que nos dê prazer; para nos conectarmos com o Sagrado, enfim, para tudo aquilo que aquece a nossa alma e a deixa feliz!

Lembro-me de que o escritor Rubem Alves disse que, na vida, temos duas caixas para mexer: a caixa de ferramentas e a caixa de brinquedos. A caixa de ferramentas são as nossas obrigações do dia a dia, importantes também. Mas, se ficarmos mexendo apenas nela, adoeceremos, pois necessitamos manusear também a caixa de brinquedos, a que deixa nossa alma flutuar quando estamos com ela.

Se não encontrarmos tempo para a nossa alma respirar, nosso corpo descansar, é provável que algum acontecimento infausto venha nos obrigar a desacelerar compulsoriamente. Quantas vezes a doença pode ser a forma que a nossa alma encontrou para dizer que deseja mexer na caixa de brinquedos? Não esperemos nossas férias anuais para encontrar tempo para nós mesmos! Podemos fazer isso em pequenas doses, diariamente! Na Escola da Vida, também há jardins para brincar...

Há de se pensar, finalmente, se não é o caso de buscarmos mais equilíbrio em nossas atividades, pois Jesus advertiu que não adiantaria ao homem ganhar o mundo se, para tanto, tivesse que perder a sua vida (Marcos 8:36).

A VIDA É AGORA

Escreveu também Rubem Alves que a vida não pode ser economizada para amanhã. Ela acontece sempre no presente.[24] Percebo que, muitas vezes, adiamos a vida para depois: depois que as coisas melhorarem como se houvesse um dia em que todos os nossos problemas estarão resolvidos e todas as facilidades do mundo passarão a conspirar a nosso favor...

E a lista do "depois" continua: depois que me aposentar, depois que emagrecer, depois que encontrar alguém, depois que me formar, depois que me curar, depois eu demonstro meu amor, depois eu peço perdão, depois eu vou cuidar de mim, depois vou atrás dos meus sonhos, depois e depois...

Hoje, me arrependo de não ter dito mais aos meus pais o quanto eu os amava, o quanto eu era grato por tudo o que me ofereceram de amor, ca-

---

24 Rubem Alves essencial, 300 Pílulas de Sabedoria, versão e-book, Editora Planeta.

rinho e proteção. Nós costumamos achar que as pessoas que amamos ficarão para sempre conosco e, quando elas partem, ficamos com a sensação de que não as amamos o suficiente.

Acreditamos que temos um estoque inesgotável de tempo pela frente, e que sempre será possível deixar o que é importante fazer hoje para outro dia – outro dia, que nem nós sabemos quando será e nem se teremos esse dia à disposição (seria na próxima encarnação?)!

E, quando se chega ao pôr do sol da existência, é possível que se esteja carregando muitos arrependimentos por aquilo que foi adiado para depois, e já não haja mais tempo para quase nada...

Rubem Alves, que nos inspira o pensamento inicial deste capítulo, afirma que, quando fazemos aniversário, não estamos completando mais um ano de vida, e, sim, "desfazendo" mais um ano...

Os dias passam e não voltam mais. Como bem cantou Lulu Santos: "Hoje o tempo voa amor, escorre pelas mãos, mesmo sem se sentir, e não há tempo que volte, amor".[25]

Nossa vida não pode ser como uma peça que sempre se anuncia, mas nunca estreia. Todos os dias as cortinas do palco da vida se abrem para nós: é o momento de entrarmos em cena e começarmos o nosso espetáculo!

---

25 Canção "Tempos Modernos".

26

VIVER É PARA SEMPRE

Não acredite que a morte seja o fim de tudo! A morte é simples passagem da alma da vida física para a vida espiritual. A cessação da vida orgânica atinge o corpo, jamais o espírito que nele habitou. Libertando-se do corpo físico, a alma retorna ao seu lar verdadeiro, que é o mundo espiritual.

Não faria o menor sentido Deus ter nos criado e colocado num mundo com tantas belezas; ter nos dado tantas aptidões e plantado em cada um a semente do amor, para que tudo isso desaparecesse para sempre no instante da morte.

Qual lógica haveria em o Criador nos mandar amar uns aos outros, se esse amor estivesse fadado a acabar definitivamente no momento da morte? Seria um martírio para todos, tanto para quem está prestes a partir, diante da ideia de que todo aquele amor transbordante se transformará em nada, como também aos que ficam, pela sensação de um vazio definitivo, irreparável e inconsolável. É inadmissível pensar que Deus seria tão insensato e cruel assim!

A ressurreição de Jesus, que aparece em espírito materializado aos seus seguidores após a crucificação, é a prova maior de que a alma sobrevive à matéria. Na cruz ficou apenas o corpo, a ferramenta que o Espírito Jesus utilizou em sua passagem pela Terra. Outro exemplo registrado no Evangelho diz respeito à transfiguração de Jesus perante alguns de seus discípulos, ocasião em que surgiram à visão deles os Espíritos de Moisés e Elias, já desencarnados havia muitos e muitos anos.[26]

Ninguém morre, ninguém perde ninguém; a vida é um *continuum* sem-fim. Aqueles que nos deixaram na existência física vivem em outras dimensões que nossos olhos não conseguem captar, mas nosso coração é capaz de sentir sua presença.

E, mais adiante, quando chegar a nossa hora de voltarmos para o Lar Espiritual, haveremos de reencontrar nossos afetos queridos, celebrando o amor imortal.

Viver é para sempre!

26 Mateus 17:1-3.

27

PROGREDIR

A máxima "Nascer, viver, morrer, renascer ainda, e progredir sempre, tal é a Lei"[27] sintetiza a trajetória do espírito imortal, desde o momento da sua criação até alcançar a perfeição relativa a que está destinado, segundo a Lei Divina.

Podemos deduzir então que:

a. ninguém morre;

b. estamos em constante processo de evolução;

c. nascimento, vida, morte e renascimento são ciclos do processo evolutivo;

d. o único destino para o qual Deus nos criou é a felicidade, que se atinge tanto mais quanto o espírito melhora em sabedoria e amor;

---

27 Frase insculpida na pedra que cobre o túmulo de Allan Kardec, cuja autoria é incerta.

e. a evolução se faz em constantes etapas, através das vidas sucessivas (reencarnações);

f. a dor sinaliza que, em algum aspecto, nos afastamos do caminho evolutivo (aperfeiçoamento íntimo) e devemos corrigir a nossa rota;

g. resistir à evolução nos causa sofrimento;

h. a duração do sofrimento é proporcional ao tempo que o espírito demora para se aprimorar.[28]

Diante dessas conclusões, podemos entender bem nossa condição de aprendizes na Escola da Vida. Cada um de nós está num determinado ano do seu processo evolutivo. Nosso objetivo é avançar, porque a estagnação prolongada retarda o nosso progresso e, portanto, a nossa felicidade.

Ninguém dará grandes saltos, pulando etapas naturais, mas é preciso caminhar adiante, aprimorando-se sem pressa, de um lado, e, de outro, sem tanto retardo, como geralmente nos tem acontecido.

Estejamos compenetrados de que a mais importante missão nesta existência é sairmos daqui melhores do que quando entramos. E não é esse, afinal, o objetivo de toda escola?

---

28 O Livro dos Espíritos, Allan Kardec, questão n. 1004.

BALANÇO DE VIDA

O Espírito Augusto Cesar Netto, por intermédio da mediunidade de Chico Xavier, faz um alerta importante a todos nós: o que vale no mundo espiritual é o que cada um fez de si mesmo pelo bem que fez aos outros.[29]

Se hoje fôssemos chamados de volta ao mundo espiritual, como estaria a nossa situação? Chegaríamos transportados pelas asas do bem que fizemos ou aprisionados nas algemas do mal praticado e do bem que deixamos de fazer? O bem ou o mal que fazemos ao próximo fazemos antes a nós mesmos. Cada um carrega consigo, aqui ou no além, o patrimônio das próprias obras. Ninguém escapa das sementes que plantou neste mundo; inexoravelmente, nós as encontraremos crescidas

---

29 Jovens no Além, psicografia de Francisco Cândido Xavier, p. 17, Editora GEEM.

em nosso caminho, tenham elas se tornado flores ou espinhos.

A lógica desse raciocínio está no fato de que todos somos irmãos, filhos do mesmo Pai, que vive no coração de cada um de nós e em torno de nós, de modo que estamos estreitamente ligados por fios divinos, que se intercomunicam e, portanto, se afetam mutuamente!

Se fazemos o bem a nós mesmos e, podendo, não o fazemos ao nosso irmão, nossa felicidade jamais será completa. Ficará faltando uma parte, justamente aquela que corresponde ao bem que não fiz ou ao mal que fiz ao meu irmão.

Se a dor do outro, se a fome de milhares, se o desamparo de alguém não nos incomoda de alguma forma, algo não está indo bem conosco. Teremos anestesiado uma das características mais marcantes dos seres humanos, que é a compaixão. A falta dela nos desumaniza, torna-nos indiferentes ao sofrimento alheio, frios e insensíveis, congelando o nosso coração, com todos os problemas espirituais daí decorrentes.

Quando Jesus fala sobre o Juízo Final, que pode ser compreendido como o grande balanço existencial que cada qual fará ao deixar este plano físico, ele, em síntese, esclarece que o bem praticado será o grande divisor de águas entre um balanço com saldo positivo e aquele com saldo negativo, com todas as consequências de venturas ou sofrimentos daí decorrentes.[30]

Como será que está a nossa conta corrente aberta no Céu? Vamos aproveitar a nossa passagem pela Escola da Vida para corrigir eventual saldo negativo! Isso nos dará rendimentos, e não apenas na hora do grande balanço, pois, a cada depósito feito, nossa alma se sentirá internamente feliz!

---

30 Mateus 25:31-46.

RESGATE DIVINO

Afirma Allan Kardec que os sofrimentos são como crises salutares que levam à cura.[31] As dores, pelas quais todos passamos, não são penas impostas por Deus, tampouco obras do acaso. Deus é Amor e, portanto, não castiga seus filhos; antes, deseja que eles alcancem a felicidade.

E, sendo também a Inteligência Suprema do Universo, Deus criou leis que conduzem os homens à conquista da felicidade, sendo a mais importante delas a Lei de Justiça, Amor e Caridade. Observando a Lei Divina, o homem encontra o caminho da sua bem-aventurança. Distanciando-se dela, cria o sofrimento em sua vida.

O Pai nos deu a liberdade de escolhermos nossos próprios caminhos, mas, concomitantemente, faz

31 O Evangelho Segundo o Espiritismo, Cap. VI, item 4, tradução de J. Herculano Pires, FEESP.

com que cada um experimente as consequências de seu livre-arbítrio, sejam elas boas ou más.

O propósito é fazer com que, a partir dos resultados colhidos, possamos ampliar a nossa consciência sobre as escolhas feitas, seja para fortalecer o impulso do bem praticado, seja para nos imunizar interiormente contra o mal a que demos causa. A Lei Divina almeja que a criatura goste do bom caminho escolhido e desgoste quando dele se afasta.

Portanto, quando sofremos, estamos enfrentando uma crise salutar, que pode nos levar à cura, isto é, à solução das nossas dificuldades, desde que aprendamos a lição evolutiva presente em qualquer uma delas.

O sofrimento é o convite de Deus para que o homem reveja as rotas pelas quais tem caminhado; reveja seu modo de viver consigo e com o próximo. A crise é um parto que pode nos levar ao nascimento de uma criatura mais aprimorada nas suas habilidades, atitudes, sentimentos e valores.

No entanto, para que isso aconteça, é necessário encarar o sofrimento de uma forma positiva, isto é, aceitando-o sem revolta e assimilando a lição trazida pela adversidade. A dor está a serviço da evolução, quando, de nossa parte, nos demoramos em zonas de desequilíbrio físico, moral e espiritual. O intuito é provocar em nós desejo e atitudes por mudança de caminhos, para que façamos o redirecionamento àqueles capazes de nos levar a melhores resultados.

As crises pelas quais passamos são uma espécie de tentativa de "resgate divino", que visa a nos tirar da selva do sofrimento. O sofrimento, por si só, não transforma ninguém. O que transforma é aceitar o resgate e trabalhar firme na transformação interior.

30

LIMPAR O CORAÇÃO

Perdoar traz muitos benefícios para a saúde física, emocional e espiritual. No dizer do psiquiatra Daniel Martins de Barros: "...quem perdoa de coração alcança relaxamento, bem-estar e recupera a sensação de autocontrole".[32]

Pelo raciocínio contrário, o ato de cultivar mágoa, ressentimento e ódio nos deixa tensos, provoca mal-estar e sensação de perda de controle sobre a própria vida. E tudo isso nos predispõe a muitas enfermidades.

A tensão e o mal-estar causados por mágoas, ressentimentos e ódios, quando se prolongam, afetam nosso sistema hormonal, causam aumento da pressão arterial, elevação dos índices glicêmicos, disfunções gastrointestinais, alterações no sistema imunológico e inúmeros outros distúrbios geradores de várias enfermidades.

Do ponto de vista mental, também adoecemos, pois nos tornamos prisioneiros das lembranças do-

---

32 Pílulas de bem-estar, p. 128, Editora Sextante.

lorosas do mal que nos fizeram, as quais passam a comandar a nossa vida de forma reativa, amarga e vitimista.

Reféns do ego ferido, abrimos mão do poder de controlar o que deve ou não afetar a nossa vida e passamos a ser controlados pelo que os outros nos fizeram. Perdoar significa ter a vida de volta para nós!

Há de se mencionar também que o perdão é um forte aliado da saúde espiritual. Jesus ensinou que é preciso perdoar para ser perdoado.[33] Assim, se nos recusarmos a perdoar, não conseguiremos ser perdoados das nossas faltas e, dessa maneira, abriremos campo para que o ódio e o ressentimento de quem prejudicamos se voltem contra nós, causando-nos perturbações espirituais que prejudicam a nossa vida.

Eu creio que o perdão faz parte do currículo fundamental da Escola da Vida, pois, sem dúvida, todos temos algo a perdoar nesta existência, assim como razões para sermos perdoados. A falta do perdão é um peso grande que carregamos em nossa caminhada. Será muito bom aliviar esse fardo. Limpar o coração fará bem a você e ao mundo também!

Perdoar, além de ser uma forma de caridade que se faz aos outros, é um grande presente que oferecemos a nós mesmos!

---

33 Mateus 6:14.

31

INSPIRAÇÕES PARA O SEU DIA

Do mundo espiritual, colhemos esses versos inspiradores de Maria Dolores:

"Levanta-te, cada dia, pensa em Deus, louva e agradece

Mesmo num lance de prece, a bênção de trabalhar

E cumpre as obrigações que a vida te deu às horas

Doando a paz onde moras, partindo do próprio lar".[34]

Começar bem o dia é excelente estratégia para a segurança e o êxito das tarefas que nos aguardam. E nada melhor do que a prece para nos assegurar

---

34 Agenda de Luz, psicografia de Francisco Cândido Xavier, Editora Ideal.

paz, harmonia e inspiração superior para as horas que nos aguardam as melhores decisões e atitudes.

Quando pensarmos em Deus, como o Pai amoroso que nos acompanha noite e dia onde quer que estejamos, nossa alma é preenchida de uma confiança tal que seremos capazes de atravessar as situações mais adversas, sem nos assombrarmos com as dificuldades.

O ato de agradecer a Deus as bênçãos já recebidas em nossa existência tem o poder de nos retirar da viciosa inclinação mental de acharmos que tudo conspira contra a nossa felicidade. Na contabilidade da vida, se formos justos, constataremos que as bênçãos são em maior número do que os revezes.

O exercício diário da gratidão é o alicerce da felicidade! Faça uma lista das coisas e pessoas com que você foi agraciado e das situações em que a vida lhe favoreceu de alguma forma. De tempos em tempos, reveja e atualize essa lista, e você verá que é feliz, por ter mais a agradecer do que a pedir!

Os próprios problemas, quando compreendidos em sua finalidade educativa e transformadora, são portas de acesso ao nosso progresso, pois nos obrigam a desenterrar os talentos enferrujados. Quando estivermos conscientes disso, chegaremos ao ponto de agradecer as lutas redentoras de cada dia.

O mundo é a nossa escola de aprendizado e oficina de trabalho, onde somos chamados a aprender a viver e doar o nosso melhor, começando a tarefa em nosso próprio lar. A construção de um mundo melhor passa necessariamente pelos aprendizados de amor, respeito e fraternidade que fazemos na convivência com o grupo familiar.

Que, ao nos levantarmos a cada manhã, tenhamos essas lembranças como roteiros seguros para o nosso bem-viver!

32

ESPERA QUE O SOL JÁ VEM

Cultivar o bom ânimo é essencial para a nossa vida! Ele age como uma vitamina espiritual destinada para os nossos momentos de abatimento.

Todos enfrentamos diversas lutas diárias, perdas, frustrações, doenças, dificuldades financeiras, preocupações das mais variadas. Nesses momentos, nosso ânimo costuma se abater e nos fazer sentir que estamos num labirinto, sem forças para encontrar a saída.

Tomemos muito cuidado para não abraçar o desalento, o derrotismo; não ficarmos com pena de nós mesmos, como se não houvesse outro destino para os nossos pés. Esses são os instantes em que precisamos recuperar o fôlego, acionar as baterias da esperança, firmar nossa confiança no Deus da vida e ouvir Jesus falando aos nossos ouvidos: “Tende bom ânimo, eu venci o mundo”.[35]

Precisamos colocar nossos problemas numa perspectiva otimista, pois Deus está sempre renovando tudo para melhor. A fase ruim não é a fase final – ela é a preparação para uma fase melhor, que está por vir, desde que cultivemos firmemente a esperança em dias melhores e façamos tudo ao nosso alcance para que esses dias cheguem.

O bom ânimo, em sua essência, vem de Deus, porque, sendo Ele a Força Soberana que nos criou para o bem, faz vibrar, dentro de nós mesmos, a certeza de que a dificuldade vai passar, se mantivermos a confiança e o esforço de superação. O bom ânimo é essencial para a vitória, porque ele potencializa as nossas forças interiores!

Fiquemos com essa canção do Legião Urbana:

“Mas é claro que o sol
Vai voltar amanhã
Mais uma vez, eu sei
Escuridão já vi pior
De endoidecer gente sã
Espera que o sol já vem.”[36]

---

35 João 16:33. Bíblia Sagrada, tradução de João Ferreira de Almeida, Sociedade Bíblica do Brasil.

36 Canção “Mais uma vez”, composição de Renato Russo.

33

ORAÇÃO É REMÉDIO

Anotemos essa receita de André Luiz para iniciarmos a cura espiritual:

"Comece orando. A prece é luz na sombra em que a doença se instala".[37]

A oração é medicamento para a alma. Por meio dela, o homem pede a Deus o amparo para as suas necessidades. E, pelo mesmo canal, Deus lhe responde às súplicas, suprindo-o das forças que lhe faltam para o enfrentamento positivo das suas lutas no mundo. Nenhuma prece fica sem resposta do Alto!

Na maioria das vezes, a doença emerge das paisagens sombrias da alma. Onde falta luz, isto é, onde falta equilíbrio, onde falta paz, onde falta serenidade, onde falta amor, a escuridão se faz e cria o pano de fundo da enfermidade.

---

37 O Espírito da Verdade, mensagem n. 53, psicografia de Francisco Cândido Xavier, FEB Editora.

Os pensamentos negativos, as emoções perturbadoras e as atitudes contrárias ao bem criam frequências vibratórias baixas, que afetam o equilíbrio das células, dos órgãos e dos sistemas do corpo físico, favorecendo o surgimento de diversas moléstias.

O processo da cura interior começa com a oração sincera do enfermo, por meio da qual ele admite que é frágil, que precisa se renovar intimamente e que necessita da Força Divina para reencontrar o caminho da harmonia perdida.

E, quando assim age, automaticamente a Luz Divina irradia-se sobre todo o seu corpo, dissipando as sombras onde a enfermidade se instalou. A partir de então, a cura espiritual começa e vai se consolidando à medida que o indivíduo, sem esquecer os tratamentos da medicina terrena, trabalha para a cura de sua alma.

Vamos usar essa receita agora mesmo?

34
DESPOLUIR A MENTE

Escreveu Huberto Rohden:

"A pior das poluições não vem de fora, mas de dentro de cada um de nós."[38]

Como se sabe, a poluição é a degradação do meio ambiente pela introdução de substâncias nocivas, que causam malefícios aos seres vivos. Há várias modalidades de poluição: hídrica, atmosférica, sonora e do solo, dentre outras. Mas, ao lado dessas, existe outra, de gravidade ainda mais intensa: a poluição mental!

Nossa mente pode estar mais poluída do que o ar das grandes metrópoles. Pensamentos negativos, mormente os pessimistas; memórias dolorosas do passado, traumas, noticiário sensacionalista, tendência à maledicência, intrigas, discussões, criti-

38 O Caminho da Felicidade, p. 113, Editora Martin Claret.

cismo e tantos outros comportamentos poluem a nossa mente, gerando danos a nós mesmos.

Lembremos que o pensamento é força energética, que atua primeiramente em quem o emite e, paralelamente, projeta-se na atmosfera psíquica dos nossos ambientes, como nos lares, locais de trabalho e no planeta, de uma forma geral.

O ambiente espiritual da Terra se encontra, neste momento, envolvido por nuvens densas e carregadas de energias pesadas, que podem nos envolver se estivermos no mesmo padrão de pensamento que lhes deram origem.

O que fazer? Mudar o padrão mental, despoluir-se, não dar "alimento" a pensamentos que roubam a paz, que nos projetam constantemente para um passado que não pode ser mudado; não exaltar o lado negativo de pessoas e situações; não propagar o mal; evitar contendas, julgamentos, sarcasmos e zombarias.

E, obviamente, cultivar bons pensamentos, viver com otimismo e confiança no momento presente, pensando no bem, falando no bem, crendo no bem e fazendo o bem. O mal é a ausência do bem!

Assim seguindo, despoluiremos a nossa vida!

35

MENTE SAUDÁVEL

Falando um pouco mais sobre os nossos pensamentos (veja o capítulo anterior), Emmanuel escreveu algo surpreendente a respeito:

"A mente é mais poderosa para instalar doenças e desarmonias do que todas as bactérias e vírus conhecidos."[39]

Nossa mente não está isolada no cérebro, ela se comunica diretamente com todas as células e órgãos do nosso corpo. Tudo o que se passa na mente se passa no corpo. Tudo é compartilhado!

Quando a mente está tomada pela tristeza, podemos dizer que o corpo também fica triste e sofre junto. Quando a mente está fervilhando de pensamentos raivosos, todo o nosso corpo também sente e sofre junto!

---

39 Leis de Amor, psicografia de Francisco Cândido Xavier, p. 22, FEESP editora.

Sente, sofre e se enfraquece, porque os pensamentos inferiores são de baixa frequência energética e desagregadores da harmonia de células e órgãos, de modo que, quando se tornam insistentes, propiciam o surgimento de doenças várias.

Da mesma forma, os bons pensamentos também são compartilhados com o organismo físico. O pensamento otimista, por exemplo, comunica otimismo para as células, as quais, por sua vez, fortalecem-se, evitando o adoecimento ou favorecendo a cura com mais segurança.

Embora de forma rudimentar, há um princípio inteligente nas células, as quais são individualidades que se comunicam entre si e com todo o sistema corporal, mental e espiritual, o que pode explicar a sua permeabilidade não apenas às substâncias que ingerimos, sejam alimentos ou remédios, mas também ao que se passa em nosso mundo mental.

Em suma, pensamento pode ser veneno ou remédio. Pode levantar a nossa saúde ou derrubá-la. Qual será a nossa escolha? Vamos educar a nossa mente a pensar melhor? Pensar como Jesus pensa é o caminho de uma vida saudável!

EVOLUÇÃO ESPIRITUAL É CAMINHO

Comentários que muitas pessoas geralmente fazem: — *Acho impossível alcançar a perfeição espiritual nesta vida. Estou muito distante dela, tenho ainda muitos defeitos. Eu sou o que sou e não dá para mudar. Religião é para os santos...* Pode ser que você que me lê agora também já tenha pensado assim ou ainda pense dessa maneira. Peço licença, porém, para trazer alguns pontos de reflexão.

O primeiro deles, e talvez o mais importante, é que evolução espiritual é um processo gradativo. A completa Iluminação espiritual não é algo que se alcance do dia para a noite, de um ano para o outro, nem mesmo de uma existência para a outra. Ela é obra de milênios, através dos quais a criatura, pouco a pouco, desperta para seus potenciais divinos e se depura de todo o mal que existe dentro de si.

E como, de fato, ainda estamos distantes dessa condição, em razão das imperfeições que, por ora, nos caracterizam, não dá para cogitar ser perfeito nesta existência. Aliás, nem Deus espera isso! É preciso nascer, morrer e renascer inúmeras vezes para que as nossas virtudes se consolidem e o mal vá desaparecendo dentro de nós.

É por essa razão que o Pai, em sua sabedoria infinita, permite aos seus filhos que voltem à Escola da Vida tantas vezes quanto necessário para a construção do Reino Divino dentro de cada um! Nosso momento atual é a condição humana, naturalmente imperfeita, vulnerável, frágil, pequena. Então, como diz um ditado popular: "devagar com o andor que o santo é de barro"!

Pretender sufocar a nossa condição humana, a pretexto de uma santidade apressada e ilusória, criará em nós uma neurose de perfeição, tornando-nos desumanos, cruéis, hipócritas, moralistas, preconceituosos, enfim, tudo aquilo que a verdadeira perfeição espiritual não é. Ninguém será divino, se não for humano!

Isso, todavia, não significa que devemos permanecer estagnados, indiferentes ao nosso processo evolutivo, porque, em resumo, dele depende a nossa própria felicidade. Mas aceitar a nossa condição humana e a das demais pessoas, como o fez Jesus, é o primeiro passo seguro para avançarmos, gradativamente, no aperfeiçoamento em que todos devemos nos empenhar, sem descuido e sem demora, mas sem demasiada pressa.

Ninguém precisa ser perfeito agora, mas pode ser "melhorzinho"! Você também não acha?

APRENDER E CAMINHAR ADIANTE, SEMPRE

A evolução é um constante aprendizado.

Ninguém sabe tanto que não possa aprender sempre um pouco mais. E, muitas vezes, o nosso conhecimento é apenas teórico, ainda não se firmou em nossas atitudes.

A evolução se faz através das experiências de erro e acerto. Quem não age, por medo de errar, já está errando!

Repito: não é errado errar. O problema reside quando insistimos no mesmo engano.

Quem não se faz humilde, para aprender com seus erros, certamente tropeçará outra vez nas mesmas pedras!

Não deixe que a vergonha por ter se equivocado seja maior do que a vontade de corrigir seus passos!

Todo sucesso é composto de uma parte de fracasso e outra de vitória; geralmente, um não vive sem o outro!

Não é feio cair; o problema é não se levantar!

Ninguém nasce pronto, cada um é uma obra divina em construção diária através da eternidade. Não pare de andar, mesmo que esteja enfrentando os seus piores momentos. Se você parar, não sairá deles.

Não se aprisione na imagem das suas quedas e desacertos; abra espaço para trabalhar o que você ainda pode vir a ser!

Os obstáculos existem para que cada um descubra talentos e virtudes que sequer imagina possuir. Descubra a luz com que a Divindade o dotou quando você foi criado. E, como Jesus ensinou, faça brilhar sua luz!

38

VISITAR OS PORÕES DA ALMA

Não seja um desconhecido para si mesmo. É preciso dar mais atenção ao nosso mundo interno. Conhecemos muitas coisas da nossa superfície, mas quase nada das nossas profundezas. Na Escola da Vida, o principal objeto de estudo somos nós mesmos!

Comumente, preocupamo-nos em aferir nosso peso, altura, pressão arterial, cuidamos da aparência física, nos olhando no espelho com frequência... Tudo isso é muito compreensível e natural, mas o que diremos a respeito da nossa casa interior? O quanto temos olhado e cuidado de nossos conflitos, sentimentos, traumas, complexos, emoções e tantas outras questões que estão guardadas a sete chaves nos porões da nossa alma? Há quanto tempo não visitamos a nós mesmos?

Dizemos, por exemplo, que somos ciumentos, mas não sabemos de onde vem esse sentimento que, inopinadamente, se apodera de nós e nos faz agir de um modo quase irracional e incontrolável!

Por que somos o que somos? Por que agimos como agimos? As respostas a essas questões, no mais das vezes, estão em nosso inconsciente; contudo, como não temos o hábito do autoconhecimento, passam despercebidas por nós.

Muitos dizem que não querem fazer esse mergulho interior, porque não desejam "mexer com o que está quieto". Mas quem disse que as questões do nosso universo íntimo estão caladas e inertes? São elas que, geralmente, nos dirigem, e nos levam a fazer o que não queremos fazer e a não fazer o que, de fato, gostaríamos. Quem já não se viu nessa situação?

As transformações mais importantes que desejamos fazer em nossa vida somente virão desse conhecimento mais profundo de nós mesmos, porque é impossível mudar algo de que sequer temos consciência. É nesse sentido que Jesus afirmou que o conhecimento da verdade nos liberta.[40] Novamente tomando o exemplo do ciúme: Como será possível transformar esse sentimento, se desconheço o motivo pelo qual ele irrompe do subsolo do meu ser e me faz agir de um modo desagradável e agressivo, embora, conscientemente, eu não deseje que seja assim?

No autoconhecimento está a chave que pode nos ajudar a decifrar o enigma que, muitas vezes, somos para nós mesmos! Se você se interessou por esse assunto, acompanhe-me no próximo capítulo.

---

40 João 8:32.

39

CONHECER A SI MESMO

Pressuponho que você tenha lido o capítulo anterior (se não, por favor, peço que o faça), quero apresentar algumas sugestões práticas de como se tornar mais consciente de si mesmo. Na minha perspectiva, o autoconhecimento não é uma prática que se faz vez ou outra. Autoconhecimento é uma forma de viver. É um exercício constante de auto-observação amorosa; não se presta a criar culpa, mas a ampliar a consciência a nosso respeito.

O Espírito Santo Agostinho aconselha que, ao término de cada dia, tenhamos um momento a sós conosco, passando em revista todas as ocorrências daquele dia, analisando as nossas atitudes.[41] Basicamente, deveremos nos indagar:

41 O Livro dos Espíritos, Allan Kardec, questão n. 919-a.

— *Sobre o que fizemos de bom e o que não foi tão bom assim, tanto em relação a nós como em relação ao próximo. Se fizemos algo que censuramos nos outros ou algo que não temos coragem de confessar.*

É muito provável que, ao responder a essas questões com a sinceridade imprescindível, cheguemos a algumas respostas nem sempre agradáveis, como: "agi grosseiramente com tal pessoa"; "fui injusto com alguém"; "pensei apenas em mim e não levei em consideração o sentimento de outros envolvidos"; "fui maledicente com fulano"; "negligenciei coisas que me eram importantes"; "excedi os meus próprios limites"...

E, cavando ainda um pouco mais fundo, é fundamental que nos perguntemos: — "Por que motivo eu agi como agi?" Não podemos ficar presos apenas ao comportamento em si, mas descobrir os motivos mais profundos que nos levaram àquelas atitudes que a nossa consciência registrou. Por exemplo: percebi que fui agressivo com um amigo. Indago, primeiramente, o motivo pelo qual procedi daquela forma. Uma possível conclusão é que eu estava com muito ciúme dele...

Ótimo perceber isso; já é um passo adiante! No entanto, podemos cavoucar um pouco mais: "Por que sinto tanto ciúme assim?". Quem sabe eu possa descobrir que sou inseguro; que tenho uma grande dependência narcísica das pessoas a quem me ligo; porque tenho pouco amor por mim mesmo etc.

Não basta reconhecer a conduta inicialmente verificada e apenas reprimi-la. Isso não dura muito. É preciso nos conhecer mais a fundo e acolher as nossas dores mais profundas; no caso, acolher essa "criança ferida", que não se sentiu amada como gostaria, e dar a ela a atenção e o cuidado que lhe faltaram. Somente assim será possível curar o ciúme na sua raiz. É a transformação que vem de dentro para fora!

Pode ser que tudo isso nos pareça trabalhoso demais. Contudo, trabalhoso mesmo é viver ignorando a si mesmo, sofrendo e fazendo os outros sofrerem, sem nenhuma perspectiva de cura. Não podemos passar pela Escola da Vida sem saber quem somos. No autoconhecimento, está a chave da nossa felicidade!

40

SEJA OTIMISTA

Quando as dificuldades baterem à nossa porta, é importante mantermos o otimismo firme para resistirmos ao vento das dificuldades, sem esmorecimento!

Ser otimista é considerar que, no final da prova, tudo ficará bem. O pessimismo nunca deve ter a última palavra. O otimismo vem de Deus, porque, no plano divino, a única fatalidade concebida por Deus é a felicidade de seus filhos!

As provas pelas quais passamos não vêm de Deus, são caminhos que nós escolhemos trilhar pela faculdade do nosso livre-arbítrio, e, depois, vamos experimentando as consequências.

Ainda assim, Deus não quer que continuemos sofrendo. Por isso devemos acreditar que todo labirinto tem saída, toda dor tem remédio, todo problema tem hora para acabar.

A misericórdia divina é incompatível com a ideia de sofrimentos eternos. Deus não é pessimista, porque, conhecendo muito bem o que Ele criou, sabe que todos temos potenciais e capacidades suficientes para criar um amanhã melhor!

Por isso, Carlos Torres Pastorino aconselha: "Seja otimista! Procure subir e espere sempre que o melhor lhe aconteça. Embora as aparências sejam contrárias, confie em Deus, que está dentro de você, porque n'Ele existe a solução de todos os seus problemas. Olhe para o lado certo da vida, para a felicidade e o progresso, e não detenha jamais sua subida".[42]

Vamos subir em pensamentos e atitudes para o melhor que nos aguarda!

---

42 Minutos de Sabedoria, lição n. 56, Editora Vozes.

41

A VIDA PEDE CORAGEM

Guimarães Rosa definiu muito bem a dinâmica da nossa existência:

“O correr da vida embrulha tudo, a vida é assim: esquenta e esfria, aperta e daí afrouxa, sossega e depois desinquieta. O que ela quer da gente é coragem.”[43]

Não dá mesmo para esperar da vida um constante movimento retilíneo, de preferência carregado de facilidades, maré sempre calma, céu azul, sem nuvens de problemas; sol brilhando o tempo todo, sem a escuridão das noites de aflição. Talvez o nosso ego infantil espere que a vida seja como um grande parque de diversões...

Isso não significa que não possamos desfrutar de momentos agradáveis e felizes; afinal, eles igualmente fazem parte da jornada. A vida não é ape-

---

43 https://www.pensador.com/a_vida_e_assim_esquenta_e_esfria_-_guimaraes_rosa/. (acesso em 9/5/25).

nas um rio de sofrimentos. Como disse Guimarães Rosa, a vida embrulha tudo, isto é, a vida é como um "pacote" de experiências boas e desagradáveis, que se apresentam alternadamente ou, até, simultaneamente!

Assim é o currículo na Escola da Vida: matérias mais fáceis, disciplinas mais rigorosas; lições de fácil solução, problemas mais complexos. Não dá para mudar o conteúdo programático da Escola, pois os professores mais exigentes nos ensinam muito em matéria de desenvolvimento pessoal e espiritual.

Por isso, Guimarães concluiu: o que, de fato, a vida quer de nós é coragem para enfrentar a gangorra que é nossa existência, com seus altos e baixos, seus aclives e declives, suas alegrias e dores. Quando estivermos no pico, vamos desfrutar ao máximo desse momento, que, uma hora, vai terminar. E, quando estivermos no vale da dificuldade, vamos aguentar firme, suportar a dor com coragem e esperança, pois ela também vai passar!

Como falava Chico Xavier: "Em maré baixa ou maré alta, vamos com Deus, aqui neste mundo todos estamos hospitalizados em processo de cura".[44]

Assim é a vida! Quanto mais nos ajustarmos ao que ela é, fazendo dela o melhor possível, tanto melhor será a nossa passagem por essa Escola!

---

44 A Ponte, diálogos com Chico Xavier, Fernando Worm, Lake Editora.

42

ONDE VIVO A MINHA ESPIRITUALIDADE?

Temos o hábito de separar o que é espiritual do que é material. Muitas vezes, a espiritualidade, para nós, restringe-se ao ambiente religioso e às práticas ali recomendadas, não contemplando, contudo, as dimensões do nosso trabalho profissional, das atividades escolares, dos afazeres domésticos, da convivência social, todas reputadas de natureza exclusivamente material.

Por conta dessa separação, vivemos a nossa espiritualidade apenas entre as quatro paredes do templo e não conseguimos enxergar que cultivar a nossa espiritualidade significa desenvolver nosso espírito em todos os locais onde estivermos, e não apenas nos ambientes religiosos.

Essa divisão entre o que é material e o que é espiritual geralmente nos leva a uma incoerência de conduta: dentro do templo, eu me esforço para ser bom perante Deus; mas, fora do templo, vivo como se Deus não existisse – sem amor, sem ética, sem fraternidade, sem respeito ao próximo, preocupado apenas em ajuntar os tesouros passageiros da Terra, mesmo que, para tanto, tenha que contrariar o que eu professo no culto religioso.

Como escreveu Swami Satchidananda: "A prática espiritual não é o que você está fazendo, mas o que você está pensando: qual a motivação dos seus atos? Você não precisa mudar suas atividades e dizer, 'Isto é prática espiritual, mas isto não é'. Mesmo quando você está no toalete, está fazendo prática espiritual, se tiver a intenção correta. Devemos transformar todas as nossas atividades em prática espiritual. Isso quer dizer 'Fazer tudo como meditação, como oferenda, como prece, para servir a Deus através do serviço à humanidade'."[45]

Desse modo, é possível concluir que, mesmo num ambiente religioso, eu posso estar distante da minha espiritualidade, a depender da minha motivação (vaidade, mero interesse material, busca pelo poder, criticar a conduta alheia, por exemplo). E, mesmo estando fora do templo, no ambiente em que vivo, posso estar profundamente conectado ao Sagrado, se a minha motivação for trabalhar, estudar, conviver de maneira a bem servir a Deus, servindo à Humanidade.

O culto mais legítimo a Deus é o que fazemos quando saímos do templo. Jamais nos esqueçamos disso!

---

45 Apud Amor & Sobrevivência, Dean Ornish, p. 100, Editora Rocco.

ESTAMOS MIMADOS?

O saudoso Papa Francisco nos deixou uma linda mensagem sobre o amor:

“A pior coisa que pode nos acontecer é ficarmos sem amor, procurando atender apenas aos nossos interesses. Maria é a mulher de amor. Sem amor não há espaço para a vida. Sem amor há egoísmo e cada um se fecha em si, mimando a si mesmo. Hoje pedimos amor a Maria para atender à vida. Amor e coragem!”[46]

Sem amor nada somos, já dizia o Apóstolo Paulo. Por essa razão, o Papa Francisco afirma que viver sem amor é a pior coisa que pode nos acontecer; talvez seja a nossa maior tragédia como seres humanos. E viver sem amor não quer dizer apenas viver sem ser amado, mas, sobretudo, viver sem amar!

Receber amor é muito bom; doar amor é muito melhor! Quem na vida apenas espera ser amado

---

46 Papa Francisco, A essência de sua sabedoria, editado por Carol Kelly-Gangy, p. 33, Editora Gente.

fecha-se em si mesmo, torna-se mimado, carente incurável, só conhece o amor se o dão, e, mesmo quando o recebe, parece nunca ser o bastante, sempre fica faltando um pedaço...

Esse pedaço é o amor que ele não dá! Seu coração é de pedra. O coração de quem ama é de carne: pulsa na entrega, no cuidado com o outro, no afeto, no perdão, na caridade, na aceitação, no desejo de ver o outro feliz e fazer o que for possível para tanto! O coração de Jesus sangrou na cruz. Será que o nosso tem derramado alguma gota pelo menos?

Amor que vai além dos vínculos familiares e chega, ainda que de mansinho, em nossa família humana! O Papa Francisco lembrou o amor de Maria, mãe de Jesus. Ela aceitou a missão de ser mãe de Jesus pelo bem da Humanidade. Maria tinha ciência de que Jesus não ficaria restrito ao ninho familiar, não seria apenas seu filho, mas o irmão maior de todos os filhos de Deus.

E, mesmo vendo seu filho entregue ao sacrifício na cruz, não se isolou na tristeza do ninho vazio. Transformou suas lágrimas em consolo aos tristes, fez da saudade um alento para os fracos e solitários. Até hoje, Maria continua nos amando. Recebamos esse amor e o multipliquemos em nossas vidas. É isso que nos cura, é disso que o mundo precisa, urgentemente!

44

NAVEGAR É PRECISO

Encontramos nos versos de Fernando Pessoa, poeta português, uma ideia inspiradora, que acabou se tornando bastante conhecida:

"Navegar é preciso; viver não é preciso."

Numa primeira leitura, a frase pode nos parecer estranha, porque viver é indiscutivelmente necessário. Mas é no sentido simbólico que vamos encontrar o seu entendimento. No poema de onde a frase foi pinçada, Fernando Pessoa diz que era um pensamento de antigos navegadores.[47]

Isso me leva a pensar que, para o navegador, o importante é que ele se lance ao mar, e não viva apenas no porto, sem vivenciar o propósito de sua vida, ainda que, para tanto, tenha que enfrentar os perigos do mar revolto.

---

47 https://www.pensador.com/navegar_e_preciso_viver_nao_e_preciso/ (acesso em 11/5/25).

Por isso, navegar é preciso, porque, para o navegador, ficar em terra firme não é a vida que pulsa nele; é um mero existir, sem gosto, sem sabor. Para Fernando Pessoa, poeta, viver não era necessário; necessário era criar, segundo suas próprias palavras. E como ele o fez!

Que o espírito dessa frase dos antigos navegadores nos inspire todos os dias, que ninguém fique vendo a vida da arquibancada, na plateia, como mero figurante de um espetáculo onde nós devemos ser os atores principais, que é a nossa própria vida!

Navegar é preciso, e na direção dos ventos que nos chamam para a vida e que sopram de dentro da alma! Você já parou para sentir?

45

PARENTES DIFÍCEIS

Pensando nas dificuldades que temos de conviver com determinados familiares, lembrei-me deste pensamento de Albino Teixeira:

"Os parentes difíceis, quase sempre, são os fiscais da vida que nos examinam nas lições de progresso espiritual."[48]

Não raro, encontramos no núcleo familiar pessoas com as quais a convivência é difícil. Ficar ao lado deles é, muitas vezes, um sacrifício, dado o grau de animosidade existente. É bom lembrar que esse sentimento é tanto de nós para com eles como deles para conosco! Com alguns familiares a relação flui bem; com outros, o entrosamento é mais difícil, quando não praticamente impossível.

Quando não encontramos situações ocorridas nesta existência, que expliquem a dificuldade na convivência, é possível pensar que a causa de tudo se ache em existências anteriores. Na família, geral-

---

48 Praça da Amizade, Espíritos diversos, psicografia de Francisco Cândido Xavier, p. 61, CEU Editora.

mente retomamos o convívio daqueles que, um dia, cruzaram o nosso caminho, pelas portas do bem ou do mal, através das reencarnações.

O objetivo da Lei Divina é que as arestas do passado sejam aparadas no presente; que o mal ontem praticado seja reparado pelo bem de hoje; que a mágoa seja convertida em perdão; que o ódio se transforme em amor!

A Justiça Divina nunca é punitiva, porque sempre anda de braços dados com o Amor! Um dos objetivos da reencarnação é a reabilitação amorosa daqueles que caíram, dando-lhes a oportunidade de reescreverem positivamente suas histórias!

Na parentela difícil, está a nossa grande oportunidade de elevação espiritual! Amar os que nos amam, é fácil. O desafio do amor é amar os que, por ora, ainda não se afinam conosco.

Essa é uma das lições mais importantes que viemos aprender na Escola da Vida! Bem sei que a lição é difícil, mas vale a pena nosso empenho: a recompensa íntima é certa! Ninguém conseguirá ser efetivamente feliz se, ao seu redor, pessoas choram e sofrem por sua causa.

A felicidade depende da paz em nossa consciência! Na reencarnação, é Deus nos dizendo: "Volte, meu filho, à Escola da Terra; vá acertar seus erros, refazer o seu passado; vá fazer sorrir quem você fez chorar; vá iluminar a sua vida para ser feliz".

46

TUDO VAI DAR CERTO

Em nossos momentos difíceis, tendemos a perder a esperança quanto à possibilidade de reverter a situação que nos preocupa. Nessas ocasiões, é bom refletir nas palavras do monge budista Haemin Sunim:

"Se você pudesse voltar dez anos e dar um conselho ao seu eu mais jovem, provavelmente seria algo assim: 'Não se preocupe, tudo vai dar certo'. Agora escute o mesmo conselho do seu eu do futuro: 'Pode confiar, não precisa se preocupar, tudo vai dar certo'".[49]

Eu gosto muito de pensar nessa ideia de que, cedo ou tarde, tudo vai dar certo. E acredito nisso porque, na lógica divina, todo sofrimento é passageiro, e o bem é a única fatalidade que Deus programou para Seus filhos.

---

49 Quando as coisas não saem como você espera, p. 73, Editora Sextante.

As dificuldades de hoje vão nos levar às bênçãos de amanhã! Quantas vezes, os obstáculos não são os recados da vida para recalcularmos a rota da nossa caminhada?

Se olharmos para trás, perceberemos que nós já superamos outras tantas dificuldades, e que as portas que se fecharam ontem nos levaram a portas mais promissoras!

Eu percebo que algumas coisas que não deram certo para mim, ou não aconteceram quando eu desejava, me levaram depois a situações e experiências mais compensadoras do que aquelas que eu inicialmente almejava. Tudo deu certo, não do jeito que eu, a princípio, queria, mas do jeito que a sabedoria divina entendeu ser melhor para mim. E como ela acertou!

Portanto, escute o futuro falando com você: “Não se preocupe, tudo vai acabar bem!”

47

QUAL É O SEU PERFUME?

Uma frase atribuída ao psiquiatra Carl Gustav Jung afirma que todos nós nascemos originais e morremos cópias. Precisamos refletir muito a esse respeito, porque viemos à Escola da Vida exatamente para descobrir a nós mesmos; descobrir a nossa originalidade, nossa qualidade de sermos únicos!

Ser único não significa ser melhor nem pior do que os outros. É ser singular! Deus não faz cópias, não gosta de "xerox". É só observarmos a natureza exuberante para concluirmos que Deus aprecia a diversidade: flores, plantas, árvores, vales, montes, rios, mares, animais e planetas nos ensinam que a beleza do todo está na singularidade de cada elemento! Eu acho que o céu criado por Deus tem as cores do arco-íris!

Ao longo do nosso processo educacional, somos levados a criar tantas máscaras para vivermos em sociedade que acabamos esquecendo de quem nós somos.

Admito que uma dose de verniz social é realmente necessária para uma convivência social adequada. Contudo, acabamos exagerando na dose e, com isso, nos desconectamos da nossa essência, preocupados em não desagradar os outros, ainda que esse jeito "normal" de ser nos desagrade profundamente.

Temos medo de ser quem somos, pois achamos que não seremos aceitos e amados. E, nesse processo, vamos nos tornando cópias dos outros, fazendo o que todos fazem e do jeito que fazem, quando algo pessoal teríamos a acrescentar – uma pitada que seja do nosso tempero, único e inimitável; portanto, humanamente divino!

Esquecemos de que a nossa força e beleza interiores estão na essência do que somos, do jeito que somos, com aquilo que nos individualiza dos demais.

Esquecer essa verdade pode nos enfraquecer e até nos adoecer; é como se retirássemos da rosa o seu perfume característico e único! O perfume da rosa é um, o do lírio é outro bem diferente. Não teria sentido a rosa tentar imitar o perfume do lírio, não é mesmo?

Então, qual é o seu perfume? Você o está exalando? Essa é a sua missão e o mundo precisa sentir o seu aroma!

48

CONSELHOS PARA O BEM-VIVER

Para quem deseja uma receita do bem-viver, o Espírito Augusto Cezar traçou recomendações importantes para aqueles que estão na Escola Planetária.[50] Vamos a elas:

A primeira atitude para quem deseja viver em paz no mundo é praticar a aceitação das situações e das pessoas. Sem aceitação do que nos acontece, criaremos um atrito com a vida, e será muito mais difícil solucionar algo que eu não aceito que me ocorreu.

É preciso dizer "sim" à vida, entender que há uma sabedoria oculta nos levando a experimentar situações que são necessárias ao nosso crescimento.

---

50 Presença de Luz, psicografia de Francisco Cândido Xavier, p. 98, Editora GEEM.

Aceitar também as pessoas como elas são, sem a pretensão de ajustá-las ao nosso modo de ser. Aceitar não significa que precisamos concordar com elas, mas é dar-lhes o direito de serem quem são.

Outra recomendação, não menos importante, é a de não nos julgarmos donos da verdade, pois, assim, evitaremos muitas discussões desnecessárias.

Augusto Cezar narra antiga lenda de um grande espelho que caiu ao chão e se quebrou em milhares de fragmentos. Cada um pegou um dos fragmentos e passou a se olhar nele, achando que estava na posse da verdade absoluta. Lembre-se: cada um de nós tem apenas um pedacinho desse espelho...

Prosseguindo... Outro conselho espiritual orienta para não tentarmos ser maiores do que os outros, porque sempre haverá alguém maior do que nós. A arrogância gera muita antipatia, dificultando o estabelecimento de relações fraternas e cooperativas. Já a humildade é um santo óleo nas engrenagens das relações humanas.

Augusto Cezar ainda lembra que, se não devemos nos sentir superiores aos outros, também não devemos nos ver como inferiores diante de ninguém! A humildade nos faz saber o que não somos e o que, de fato, somos. Ninguém é superior ou inferior a quem quer que seja!

Por fim, uma lembrança motivadora: "Não se impressione com dificuldades e obstáculos, porquanto pertencemos ao Céu, em cuja imensidão a Terra se move"[51].

Dificuldades e obstáculos são passageiros, pois só o amor de Deus é constante, e o destino que Ele programou para nós é a felicidade, para a qual, muitas vezes, os problemas, quando bem aceitos e superados, são degraus que nos levarão a ela.

De posse dessa simples receita, podemos começar a utilizá-la, desde já!

51 Ob. cit., p. 101.

49

A CADA DIA BASTA A SUA OCUPAÇÃO

A ansiedade, quando em excesso, pode comprometer a nossa saúde física e mental. É um dos transtornos mais comuns atualmente. Um certo nível de ansiedade faz parte da condição humana, pois é uma reação fisiológica do corpo para se defender de um determinado perigo.

Diante de uma ameaça que se aproxima, o corpo libera hormônios para o homem lutar ou fugir, defendendo a sua sobrevivência. É uma reação até esperada e necessária. Lutando ou fugindo, aquelas substâncias geradas pelo organismo acabam sendo metabolizadas pelo esforço físico realizado. E tudo termina bem.

O problema surge quando a ansiedade se torna constante, excessiva, afetando o nosso bem-estar íntimo. Se, nos primórdios da evolução humana, o perigo era enfrentar, por exemplo, o leão faminto, hoje, os gatilhos da ansiedade são muitos, e o "leão faminto" está mais na nossa cabeça do que à frente de nós mesmos!

Além do mais, outrora, lutávamos ou fugíamos; hoje, como não há leões reais, ficamos imóveis, porque não há com quem lutar ou de quem fugir. Os perigos estão mais na mente e nas emoções. E ficamos com o excesso de hormônios do estresse navegando pelo corpo, dando origem a diversos transtornos de saúde.

As preocupações excessivas com o amanhã; o medo em relação ao futuro; uma apreensão generalizada em relação àquilo que está por acontecer, muitas vezes até sem um motivo aparente, perturbam a nossa tranquilidade. A sobrecarga de tarefas e papéis, que nos cobram cada vez mais performances de sucesso em todas as áreas da vida, também são gatilhos que geram estresse além da conta, provocando quadros de ansiedade, ante o medo de um fracasso retumbante, que nos espreita a todo momento.

Se a ansiedade está saindo do nosso controle, é preciso procurar ajuda especializada de um médico (tratar os sintomas físicos) e de uma terapia (aprender a lidar com os "leões"). Sem prejuízo, desenvolver o sentido espiritual da nossa existência pode trazer muitos benefícios.

Nesse aspecto, apresentamos alguns pontos para a nossa reflexão interior. Jesus ensinou: "Por isso, não fiquem preocupados com o dia de amanhã, pois o dia de amanhã trará as próprias preocupações. Para cada dia bastam as suas próprias dificuldades".[52]

É preciso não deixar nossa mente avançar muito para o futuro. Procuremos deixá-la o máximo possível no momento presente, no aqui e agora, concentrando-nos nas coisas que estamos fazendo. Enfrente os problemas reais, e não aqueles que você imagina que poderão acontecer no futuro. Viva um dia de cada vez!

Não queira controlar tudo à sua volta. O excesso de controle nos estressa demasiadamente, porque nem tudo sairá como desejamos, nem tudo depende de nós; a vida apresenta muitas variáveis, que escapam à nossa possibilidade de intervenção. Esteja preparado para isso e, assim, ficará menos ansioso, o que lhe possibilitará agir com mais serenidade, conforme a situação exigir.

Por fim, faça o que precisa ser feito, mas conte também com o amparo de Deus. Sua fortaleza real está em Deus. Não importa o que lhe aconteça: se estiver unido ao Pai, você será capaz de tirar o melhor do pior que vier a lhe suceder. Como ensina Teresa D'Ávila:

> *"Nada te perturbe, nada te espante, tudo passa, Deus não muda. A paciência tudo alcança; quem a Deus tem, nada falta: só Deus basta".*[53]

---

52 Mateus 6:34. Novo Testamento, Sociedade Bíblica do Brasil.

53 https://www.pensador.com/frase/NzQ3MTAy/ (acesso em 14/4/25).

50

SUBIR AOS CÉUS

Lembra Irmão José que "o Cristo desceu à Terra para que, com Ele, aprendamos a subir aos Céus".[54]

Jesus veio à Terra na condição de sublime Mestre, para ensinar a todos nós o caminho da felicidade real, e exemplificou todas as lições passadas. Ele não só falou do amor, mas também amou. Ele não só ensinou o perdão, mas também perdoou. Ele não exaltou apenas a compaixão, mas foi compassivo. Ele não apenas ensinou humildade, mas foi humilde, da manjedoura até a cruz.

O Céu trazido por Jesus é algo que se constrói aqui mesmo na Terra; não é um lugar para onde vamos após a morte, mas um estado interior de felicidade, que se abre tanto mais quanto nos deixamos ser permeados pela água viva do Evangelho.

Viver o Evangelho é muito mais do que estar num templo e simplesmente participar dos rituais

---

54 Viver em paz, psicografia de Carlos A. Baccelli, p. 72, Editora Didier.

sagrados, sem nos abrirmos à palavra do Cristo em nossos gestos do cotidiano quando dali saímos.

Não encontraremos o caminho do céu interior sem percorrermos as estradas em que o Cristo pisou. Por isso, ele nos convidou a segui-lo, a fazer o que ele fez. Creio que só poderemos atender a esse chamado se negarmos a nós mesmos, isto é, se negarmos o excesso do "eu" que domina os nossos interesses na vida. O ego excessivo é obstáculo para o amor, para o perdão, para a humildade e, portanto, para a própria felicidade!

Por isso, disse Jesus: "Pois quem põe os seus próprios interesses em primeiro lugar nunca terá a vida verdadeira; mas quem esquece a si mesmo por minha causa terá a vida verdadeira. O que adianta alguém ganhar o mundo inteiro, mas perder a vida verdadeira?".[55]

---

55 Mateus 16:25-26. Novo Testamento, Sociedade Bíblica do Brasil.

51

PERSEVERANÇA

Todas as vezes em que os obstáculos nos impelirem a abandonar as nossas obrigações, os nossos sonhos, os nossos ideais de elevação e progresso, meditemos neste precioso conselho espiritual de Bezerra de Menezes:

"...compreendemos as dificuldades com que sois defrontados de quando a quando, entretanto, a perseverança é a condição fundamental para que a vitória nos concretize as aspirações."[56]

Não há vitória sem perseverança! Como não há perseverança sem paciência. Quem perde a paciência com facilidade diante das adversidades geralmente perde também as forças necessárias para continuar perseguindo seus ideais.

Não poucas vezes, ao menor obstáculo, abandonamos nossas aspirações no meio do caminho. E, assim, vamos nos assemelhando àquela pessoa

---

56 Bezerra, Chico e Você, psicografia de Francisco Cândido Xavier, p. 66, Editora GEEM.

que iniciou na leitura de muitos livros, mas não concluiu nenhum. Isso costuma gerar muita frustração, pois, além de rebaixar a nossa autoestima, faz com que percamos a confiança em nós mesmos.

Ser perseverante significa ser constante até o fim, ser fiel aos propósitos que nossa alma deseja realizar neste mundo. Aliás, na Escola da Vida, o aprendizado é teórico e prático. A vida é o caderno onde expressamos o chamado que vem da nossa alma. Vida é realização! Não deixemos nosso caderno com linhas sem conclusão! Isso, mais tarde, terá o nome de frustração!

Para ser perseverante, considere o seguinte:

a. Quando surgirem as dificuldades e o desânimo o rondar, fixe seu pensamento na satisfação que sentirá quando suas metas forem alcançadas.

b. Controle a ansiedade para não ter expectativas exageradas por resultados imediatos, lembrando que uma caminhada de mil passos é feita um a um.

c. Se errou, corrija; se fracassou, recomece; se acertou, aprimore-se.

d. Sucesso é a soma de 1% de inspiração e 99% de transpiração.

Exaltou Jesus: "Aquele que perseverar até o fim, esse será salvo".[57]

57 Mateus 24:13. Bíblia de Jerusalém, Paulus.

52

ESPERANÇA

Nos momentos em que atravessamos as adversidades, as vozes do pessimismo gritam em nossa cabeça, inclinando-nos à derrocada. Precisamos nos desligar desse alarido mental com firmeza e procurar vozes que nos tragam alento, força e otimismo! Esse é o sábio conselho de Meimei:

"Escuta a esperança, no silêncio da própria alma, a falar-te de futuro e de amor, de beleza e eternidade e transforma a bênção das horas em riqueza de trabalho."[58]

A esperança vem de Deus e, desse modo, ela sempre está falando conosco, embora, na maioria das vezes, não lhe demos ouvidos. Silencie o barulho do derrotismo e aumente o som do cântico da esperança, falando para si mesmo dos dias melhores

---

58 Amizade, psicografia de Francisco Cândido Xavier, p. 24, Editora Ideal editora.

que estão por vir, do céu azul que o aguarda depois de a tempestade passar – e ela sempre passa...

Esperança, no entanto, não é um estado de espera passiva, de acomodação, de inércia. Devemos, sim, ansiar por um amanhã melhor, mas aguardar trabalhando para esse dia chegar! O conselho espiritual de Meimei fala em transformar a bênção das horas em riqueza de trabalho!

Devemos nos afastar das horas vazias, das horas de lamentação, das horas improdutivas em que a nossa cabeça vagueia sem rumo e nossas mãos ficam ociosas. Uma das maiores bênçãos que Deus nos concede é a bênção de trabalhar, produzir e transformar o próprio destino.

Cultivar a esperança permite-nos enfrentar nossas lutas com espírito vitorioso. Orar, esperar, confiar e trabalhar. Somente assim o Sol haverá de brilhar outra vez!

53

MUDANÇA DE DOMICÍLIO

Não admita que a morte seja o fim de tudo. Reflita nesse verso de Auta de Souza:

"A morte não vence a vida
Por muito que a desarrume.
Tomba a rosa fenecida,
O céu recolhe o perfume."[59]

Morrer não é o fim. É, na verdade, a transferência de domicílio da alma da vida física para a vida espiritual, o nosso mundo verdadeiro. Morrer é voltar para casa!

Aqueles que nos deixaram a convivência na esfera física, continuam vivos em outras dimensões do universo, que são as infinitas moradas da Casa do Pai, como nos afirmou Jesus.[60] Mudaram de re-

---

59 Auta de Souza, psicografia de Francisco Cândido Xavier, p. 98, IDE editora.

60 João 14:2.

sidência cósmica, transferiram-se a outros planos, onde seguem na vida, que jamais cessa!

Lá, despertam do sono da morte e, aos poucos, retornam ao movimento da vida, estudando, trabalhando, servindo e amando os corações queridos que ficaram na experiência física. Continuam na Escola da Vida, tendo apenas passado para outras salas de aula.

Tal compreensão não impede a dor da ausência desses entes queridos, mas essa dor deixa de ser desespero quando compreendemos que eles estão longe dos nossos olhos; nunca distantes do nosso coração! É a dor da saudade boa, aquela saudade que a gente gosta de ter, como cantou Roberto Carlos.

Da outra margem do rio da vida, nossos afetos nos acompanham, vibram com o nosso progresso, entristecem-se com as nossas quedas e fazem o possível para que nos levantemos e sigamos adiante.

Eles nos veem e nos sentem; sofrem quando deixamos de viver, de prosseguir a nossa jornada na Escola da Vida por causa da viagem que fizeram. Não coloquemos esse peso sobre seus ombros! Se assim fizermos, dificultaremos a adaptação deles à vida nova. E quem ama quer ver o outro feliz, não quer ser um fardo!

Saudade, sim; revolta e desespero, não!

54

DEVIA...

Uma pergunta que pode nos ajudar a fazer mudanças importantes em nossa vida é a seguinte:

— Se hoje fosse o seu último dia de vida, do que você se arrependeria?

Recomendo que você não fuja da pergunta, dizendo que não quer pensar na morte. Melhor pensar agora, enquanto você ainda tem a vida pela frente, do que ser compelido a refletir sobre essa questão quando nada mais poderá ser feito, o que, fatalmente, lhe causará inevitável angústia.

Afirma o psiquiatra e escritor Irvin D. Yalom que a grande dificuldade em lidar com a morte decorre dos nossos arrependimentos.[61] A vantagem de examiná-los desde já é que, assim fazendo, ainda teremos tempo para curar ou, pelo menos, amenizar a nossa dor, permitindo que nossa consciência fique

---

61 Uma questão de vida e morte, Irvin D. Yalom e Marilyn Yalom, versão e-book, Editora Planeta.

mais em paz, agora e quando for o momento de arrumar as malas para a grande viagem de retorno ao mundo espiritual. Do contrário, os arrependimentos não curados ou remediados seguirão conosco na bagagem, pesando a nossa viagem.

O objetivo não é criar culpas; é aproveitar o tempo a nosso favor, tanto para fazer as coisas que estamos adiando fazer como para reparar os erros cometidos. Em regra, os arrependimentos surgem por algo que fizemos ou que deixamos de fazer. Na música "Epitáfio", do grupo Titãs, o compositor[62] registra os arrependimentos de alguém que partiu, ou está partindo:

— Devia ter amado mais, ter chorado mais, ter visto o sol nascer;

— Devia ter arriscado mais, e até errado mais, ter feito o que eu queria fazer;

— Queria ter aceitado as pessoas como elas são;

— Devia ter complicado menos, trabalhado menos, ter visto o sol se pôr;

— Devia ter me importado menos com problemas pequenos, ter morrido de amor;

— Queria ter aceitado a vida como ela é, a cada um cabe alegrias e a tristeza que vier.

---

62 Sergio Britto, integrante do Grupo.

Creio que muitos desses arrependimentos sejam nossos também, não? Eu me vejo em vários deles... No entanto, ainda temos tempo para transformar esses arrependimentos em atitudes capazes de fazer a nossa passagem pela vida valer a pena; e isso significa viver por aquilo que realmente importa, aquilo que toca a nossa alma e faz nosso coração transbordar.

Aproveitemos bem, pois, esse tempo, jamais nos esquecendo de que as coisas mais importantes da vida não são coisas, e que por elas nunca nos arrependeremos de ter vivido!

55

A VONTADE

Uma das maiores forças do nosso espírito reside no exercício da vontade. Léon Denis afirma:

"Sabei que todo homem pode ser bom e feliz; para vir a sê-lo basta que o queira com energia e constância."[63]

A vontade, quando bem empregada, é poderosa alavanca do nosso progresso material e espiritual. Mas, para que tal ocorra, a vontade deve ter duas características essenciais: energia e constância!

Vontade enérgica é vontade firme, um querer convicto, certeiro, um empoderamento interior, que nos impulsiona irresistivelmente para o alvo desejado, como o ímã atrai a limalha de ferro. Nossa vontade, porém, quase sempre é fraca e vacilante, é um "querer quase não querendo"...

---

63 O problema do ser, do destino e da dor, p. 445, FEB Editora.

Vontade constante é aquela que se mantém ao longo do tempo, até que se alcance o êxito esperado. Ela é perseverante, mantém-se firme, mesmo passado o costumeiro entusiasmo inicial. É fogo que não se apaga e que resiste aos ventos contrários das dificuldades. A vontade constante produz a disposição necessária para o esforço que se exige na conquista do propósito almejado.

A vontade, como expressão do divino que nos habita, está em cada um de nós, em forma de semente que carece ser cultivada e amadurecida. Criança também tem vontade, mas faltam-lhe ainda condições de poder bancar os próprios desejos, o que é natural.

No entanto, como já deixamos a fase infantil, não podemos mais agir como crianças! É tarefa nossa, e de mais ninguém, utilizar esse incrível poder magnético de que Deus dotou a cada um de nós! Quanto mais se usa, mais ele se desenvolve. Quanto menos se usa, menos probabilidades de conquistas dos nossos objetivos.

56

ENCANTAMENTO

Na bela canção "Lua e Flor", de Osvaldo Montenegro, há um trecho que diz assim:

"Eu amava como amava um pescador, que se encanta mais com a rede que com o mar...".

Na minha singela interpretação, esse pescador era um apaixonado pelo seu ofício, a ponto de se encantar mais com a rede do que com o mar. E acredito que, por essa paixão, ele fosse um excelente pescador. Eu, por outro lado, já não o seria, porque meu encanto pelo mar é infinitamente maior. Talvez eu fosse um navegador ou um poeta, quem sabe...

O que desejo ressaltar é que a paixão, aqui entendida como um sentimento profundo e intenso da pessoa por algo, é um elemento fundamental para as nossas conquistas e realizações, em qualquer setor da vida. A paixão foi colocada no homem pelo Criador para o bem, a fim de que ele pudesse realizar grandes obras, conforme ensinamento dos Espíritos de Luz.[64]

O problema da paixão é quando ela se torna desenfreada, excessiva. A falta dela, porém, é nociva, porque nos deixa um tanto superficiais, apáticos e medianos em relação aos talentos que viemos desenvolver nesta vida. A pessoa que é apaixonada pelo que faz desempenha melhor a sua tarefa, vai mais longe, é admirada, é procurada por tanto bem que entrega aos outros. O trabalho para ela não é sacrifício, é prazer de alma!

Creio que o mundo esteja precisando de mais pessoas assim. E esse dom divino está em cada um de nós, basta despertá-lo, cultivá-lo. Se você não faz o que gostaria, aprenda a gostar do que faz, veja a utilidade da sua tarefa, como ela é importante para as pessoas. A grandiosidade de um trabalho não está no prestígio social da função, mas na maneira apaixonada como ele é executado.

Lembro-me de minha mãe; viveu encantada pela cozinha, reunindo a família à mesa, fazendo pratos ao gostinho de cada um. Era a sua maior alegria. Revejo as suas fotos, e, na maioria, ela estava de avental de cozinha. Cozinhava e cantava! E a gente comia não apenas seus pratos, simples e deliciosos, mas sua energia, altamente nutritiva!

Procure se encantar com a rede que a vida colocou em suas mãos. A pesca será compensadora!

---

64 O Livro dos Espíritos, Allan Kardec, questão n. 907.

57

EVITANDO COLISÕES

Uma história narra o diálogo, via rádio, entre o operador de um farol marítimo e o comandante de um portentoso navio. O operador do farol pediu ao comandante do navio que desviasse seu curso quinze graus ao Sul, para evitar uma colisão. O comandante, porém, não querendo mudar sua rota, pediu ao operador que desviasse quinze graus ao Norte.

O impasse persistiu, até que o comandante deu o ultimato: "Sou comandante da marinha do maior navio de guerra. Ordeno que mude seu curso quinze graus ao Norte!".

E o operador do farol respondeu: "Faça o que o senhor quiser, sabendo que seu navio baterá a proa contra as rochas. Sou o operador de um farol, então, como não tenho como mudar, é melhor o senhor desviar o curso a quinze graus ao Sul, se quiser evitar a colisão".

Refletindo sobre essa história, penso que, muitas vezes, estamos na posição do comandante que não quer mudar a sua rota, embora a colisão se mostre previsível.

Insistimos em prosseguir num caminho que vai nos causar danos mais à frente. É certo que ninguém tem o dom de prever o futuro; todavia, se observarmos bem os nossos comportamentos de agora, é possível deduzir para onde eles estão nos levando...

O fato é que, sendo mais imediatistas, nos guiamos pela satisfação do momento presente, mesmo sendo possível prever que o prazer de hoje se converterá em lágrimas amanhã. É preciso sempre avaliar se o prazer momentâneo se sustentará no dia seguinte.

Se a resposta for negativa, é melhor desviar a rota, pois, do contrário, a colisão será inevitável. Afinal, cada um de nós é o comandante do barco da própria vida!

58

FIQUE POR AQUI

É possível que, enfrentando problemas que nos parecem insolúveis e dolorosos, a ideia de pôr fim à própria vida possa se insinuar em nossa mente como uma saída. Saiba, contudo, que ela é uma dolorosa ilusão!

Aquele que pensa em colocar fim à própria vida não quer, na verdade, morrer; ele quer se ver livre da dor que o abate. O problema é que, uma vez que a morte extingue apenas a vida física, ela não elimina a dor, que, na essência, é do espírito, o qual segue vivo após deixar voluntária e antecipadamente o corpo físico. Acresça-se a isso o fato de que, a partir dessa morte, o espírito passará a carregar um fardo ainda maior, pois, além de não ter se livrado de seu sofrimento, irá constatar que as chances de resolução do seu problema estavam no mundo terreno, na Escola da Vida, da qual ele se afastou antes da hora. O suicídio é, pois, uma tentativa vã de solução definitiva de um problema passageiro!

Eu sei que há momentos em que a vida fica muito pesada e nos sentimos impotentes, diante da carga de sofrimento que se abateu sobre nós. Não estou minimizando o problema de ninguém, de modo algum! Mas quero reforçar que a fuga não é a melhor saída, porque, na verdade, nunca fugiremos de nós mesmos. Carregaremos conosco, onde quer que estejamos, aqui ou no além, as conquistas feitas e as dificuldades contraídas como um patrimônio que nos acompanhará por onde formos.

Por isso, se a ideia do suicídio lhe ronda os pensamentos, pare para pensar: é bem melhor ficar por aqui, continuar lutando e suportando essa dor, que é, com certeza, bem menor do que aquela que se sente ao chegar no mais além pelas portas do suicídio.

Além do mais, essa dor, mais adiante, vai passar! Não abandone a Escola da Vida, onde Deus o matriculou na certeza de que ela é o melhor lugar para você ficar!

Não queira, porém, enfrentar essa barra sozinho. Busque ajuda! Não tenha vergonha de pedir socorro! Todo mundo tem as suas fragilidades, ninguém é forte o tempo todo!

Converse com alguém de sua confiança, um familiar, um amigo, um orientador religioso, um médico ou terapeuta ou, ainda, um grupo de apoio emocional, como é o caso do CVV – Centro de Valorização da Vida.[65]

Mais do que precisar, você merece essa ajuda! Você é precioso para Deus e para muitas pessoas. Se você faltar, o mundo vai perder a sua riqueza, o seu valor, a contribuição dos talentos que você veio trazer para a Humanidade e que só você poderá nos dar de presente.

Espero em Deus ainda poder abraçá-lo nesta existência. Esteja certo, confie: sua dor vai passar. Não desista!

---

65 Ligue n. 188 para falar com um atendente. Ou acesse www.cvv.org.br para saber outros meios de conversa.

59

PERDÃO

Uma questão recorrente em nossa vida diz respeito àquelas situações em que fomos ofendidos, machucados de alguma forma, e nos vemos diante da posição de perdoar ou não perdoar.

Quando nos recusamos a perdoar, geralmente é o ego quem está por trás dessa resolução, pois seu intento é nos defender do ataque sofrido, de modo que perdoar soa como uma ameaça à nossa integridade, e punir quem nos ofendeu se apresenta como a melhor estratégia de defesa.

O problema é que o ego nunca foi um bom conselheiro espiritual, pois sua visão é limitada, parcial, padece de uma espécie de miopia, pois tem dificuldade de enxergar de longe.

Jesus afirmou que, para segui-lo, é preciso renunciar a si mesmo, isto é, renunciar ao nosso "eu menor", ao nosso pequeno ego, não permitindo que ele esteja no comando central da nossa vida.

Quem deve ocupar essa posição é o "Eu Divino", aquele que ama, perdoa e não julga, sem o que não há felicidade, saúde e paz.

O Dr. Gerald G. Jampolsky, psiquiatra, esclarece: "Nem sempre estamos dispostos a admitir a possibilidade de que, guardando ressentimentos, estamos escolhendo sofrer. O ego pode nos dizer que essa é a maneira pela qual estamos punindo as pessoas que nos ofenderam, mas com mais frequência estamos causando danos a nós mesmos. Lembre-se de que a dor, o medo, a insegurança e a doença são todos alimentos do ego. Ele rejeita a paz, o amor, a felicidade e a saúde".[66]

Perdoar não significa concordar com o mal que nos fizeram, tampouco aceitar que continuem nos machucando. Perdoar é abrir mão do ressentimento, é renunciar à vingança, é não querer dar o troco. E tudo isso devemos fazer por amor a nós mesmos, porque não queremos sofrer, perdendo a nossa paz, o nosso equilíbrio e a nossa saúde.

Por essa razão Jesus, o Mestre da Escola da Vida, ensinou tanto sobre o perdão, na teoria e na prática. Perdão é remédio; perdão cura os grandes males da vida!

---

66 Perdão, a cura para todos os males, p. 78, Editora Cultrix.

ILUSÕES DA REALEZA

Lições importantes aprenderemos com o seguinte relato de uma rainha da França após a sua passagem para o mundo espiritual:

"Quem poderia, melhor do que eu, compreender a verdade destas palavras de Nosso Senhor: *Meu reino não é deste mundo*? O orgulho me perdeu sobre a Terra. Quem, pois, compreenderia o nada dos reinos do mundo, se eu não o compreendesse? O que foi que eu levei comigo, da minha realeza terrena? Nada, absolutamente nada.

E como para tornar a lição mais terrível, ela não me acompanhou sequer até o túmulo! Rainha eu fui entre os homens, e rainha pensei chegar no Reino dos Céus. Mas que desilusão! E que humilhação, quando, em vez de ser ali recebida como soberana, tive de ver acima de mim, mas muito acima, homens que eu considerava pequeninos e os desprezava, por não terem nas veias um sangue nobre! Oh, só então compreendi a fatuidade dos homens e das grandezas que tão avidamente buscamos sobre a Terra!"[67]

Refletindo a respeito, imaginei a enorme decepção que deve ter tomado conta da rainha ao chegar na pátria espiritual: toda a sua riqueza, todo o seu poder terreno, nada significavam na vida nova. A realeza terrena ficara no mundo físico, pois, na hora da morte, o que temos, nós deixamos aqui mesmo. Só levamos o que somos!

Sua decepção se agravou ao constatar que pessoas que ela havia desprezado, por considerar que não tinham relevância social, estavam no mundo espiritual em condições superiores às dela. Sua amarga conclusão foi a de que o orgulho a fez perder a encarnação!

O orgulho, aqui visto em seu aspecto negativo, é aquele sentimento de superioridade que se tem em relação aos outros; que torna a pessoa arrogante, autoritária, soberba, preconceituosa, ingrata e tantas outras facetas indesejáveis.

O sentimento de orgulho pode surgir por várias situações. No caso da rainha, o motivo foi em razão de sua riqueza e poder terrenos. Mas pode

---

67 O Evangelho Segundo o Espiritismo, Allan Kardec, Cap. II, item 8, tradução de J. Herculano Pires, FEESP.

surgir também por motivos raciais, políticos, intelectuais, familiares e até religiosos!

Eu arriscaria dizer que, na grande maioria dos que se encontram na Escola-Planetária (no que me incluo), o orgulho está presente! A realeza do passado reencarnou, pois, segundo Chico Xavier, as lavadeiras estão todas no Céu. Muitos voltaram em situação de obscuridade social, para aprenderem a se elevar pela humildade e pelo devotamento ao próximo.

Outros, porém, se não fizeram parte da realeza, ainda aspiram a tanto, não para servir, mas para mandar e desmandar, para se sentirem superiores aos demais. Estes, possuem o arquétipo da realeza!

Tomemos cuidado com esse sentimento, que é a matriz de outros tantos, também contrários à Lei Divina e adversários da nossa felicidade, como o egoísmo, a inveja, a arrogância, o ciúme, a intemperança e demais males do gênero.

O antídoto para tudo isso? Felizes os humildes, ensinou O Mestre de Nazaré![68]

68 Mateus 5:5. A Bíblia na Linguagem de Hoje, O Novo Testamento, Sociedade Bíblica do Brasil.

61

MAIS FELIZES

A humildade é uma virtude tão essencial que, sem ela, as demais não seriam possíveis de se adquirir.

Ela é a virtude de base, é o alicerce da nossa casa interior. Tanto é assim que a primeira bem-aventurança trazida por Jesus no Sermão do Monte fala exatamente da humildade, daqueles que são pobres pelo espírito, pobres de arrogância, de empáfia, enfim, de qualquer sentimento de ser melhor do que os outros e, portanto, de se acreditar com mais direitos, privilégios e prioridades do que os demais.

Jesus não só ensinou a humildade, mas se fez humilde. Espírito vindo das esferas mais elevadas do Alto, optou por nascer numa simples manjedoura. Nasceu pobre, viveu pobre, morreu pobre. Não tinha onde reclinar a cabeça. Sua única coroa foi a de espinhos. Não procurou cargos de comando; antes, serviu a todos. Governador Espiritual da Terra, foi o supremo servidor das criaturas humanas!

Seus amigos mais diretos eram pessoas comuns do povo, com quem andava, comia, orava e pregava. Chamou seus discípulos de amigos, aceitando todos como eram, sem exigir deles perfeição para que o seguissem. Não se afastou dos pecadores; acolheu-os em seu coração generoso, oferecendo-lhes roteiros de libertação.

A humildade de Jesus se mostrou na sua humanidade! Esse deve ser o nosso caminho também! Descobrir-se humano, igual a todos na essência: frágil, vulnerável, imperfeito. Essa descoberta fará com que nosso ego diminua, com que um sentimento de desimportância nos faça descer do pedestal do orgulho, para abrir nosso coração à humildade.

E, assim, vamos nos tornando mais simples, leves, descomplicados, mais propensos ao perdão, à compaixão e ao amor. Por certo, mais felizes!

62

EU NADA SERIA

Quando Jesus, o enviado de Deus para a espiritualização da Humanidade, traz como eixo principal de sua mensagem a Lei do Amor, síntese de todos os ensinamentos espirituais passados ao longo dos séculos,[69] fica claro que o amor representa o salto evolutivo que precisamos dar.

Se ainda estamos sofrendo, individual e coletivamente, é porque nossos passos na direção do amor ainda são tímidos, quando não inexistentes!

Inspirado numa carta do apóstolo Paulo aos Coríntios,[70] o Grupo Legião Urbana cantou: "Ainda que eu falasse a língua dos homens e falasse a língua dos anjos, sem amor eu nada seria".[71]

Eu nada seria se fosse apenas famoso, se fosse apenas rico, se fosse apenas poderoso, se fosse ape-

---

69 Mateus 22:37-40.

70 1Coríntios 13.

71 Música "Monte Castelo", composição de Renato Russo.

nas inteligente, porque o amor é algo estrutural do ser humano, em todos os seus níveis, biopsicossocial e espiritual. Se ele nos faltar, faltará a melhor parte de nós, e a nossa vida adoecerá.

Seres humanos são seres de vínculos. Vínculo não significa dependência, mas interação, troca, afeto mútuo, amizade, cumplicidade, senso de pertencimento a um grupo, de compartilhamento de um ideal comum. Tudo isso faz com que minha vida valha não apenas para mim, mas também para aqueles a quem estou vinculado!

Quanto mais me isolo das pessoas, quanto mais fico indiferente aos irmãos de humanidade, mais a vida se apequena para mim. Vou ficando despedaçado, ainda que não me faltem as condições de sobrevivência material. Por dentro, vai ficando um vazio que dinheiro não compra, que a fama não sossega, que o poder não sacia. O amor que não se dá não se recebe. Como diria o poeta: "A vida só se dá pra quem se deu".[72]

Que, a partir de agora, possamos dar mais espaço ao amor em nossa existência. Para tanto, é preciso deixar o "eu" um pouco de lado. Se o mundo está difícil como está, é porque está faltando amor, e todos nós temos uma parcela de responsabilidade nisso, não acha?

---

72 Vinicius de Moraes, canção "Como dizia o poeta".

Sejamos mais generosos! Pequenos gestos podem causar grande impacto positivo na vida das pessoas: o sorriso fraterno, o abraço acolhedor, a palavra amiga, o elogio sincero, o perdão das ofensas, a escuta de alguém em necessidade, o pedaço de pão a quem tem fome, o agasalho a quem tem frio, o diálogo amistoso, a oração ao aflito. Enfim, as possibilidades são muitas de tornar a vida mais suave, mais leve, mais feliz – a nossa e a das pessoas que cruzam o nosso caminho.

Basta colocar o nosso coração em ação, e a nossa vida ganhará um novo sentido!

63

A OBRA MAIS IMPORTANTE DA NOSSA VIDA

Chegando a este último capítulo, eu quero continuar falando de amor, porque é no amor que tudo começa, e onde ele falta é onde tudo termina!

Sem amor, não há felicidade; sem amor, não há superação; sem amor, não há paz; sem amor, não há sentido de vida; sem amor, não haverá cura!

Quando Jesus falou do amor, ele não excluiu ninguém. Começa primeiramente em nós mesmos, porque ninguém dá o que não tem. Quando nos amamos, entramos numa espécie de paraíso interior, porque aprendemos a gostar de nós como somos, e esse autoamor gera autocuidado, autorrespeito, autocompaixão e autoconsideração. Em consequência, saímos daquela fase infantil, em que vivemos dependentes do amor alheio.

Muitas das nossas feridas de hoje são velhas feridas da infância que ainda não nos dispusemos a curar. E a cura só vem quando passamos a tomar conta de nós e deixamos de viver como um pedinte implorando amor. Do contrário, acabaremos nos tornando órfãos de nós mesmos. Amar é crescer, é assumir a responsabilidade pela própria vida, como a obra mais importante da nossa existência!

Só eu posso verdadeiramente me salvar! Nem Jesus pode fazer isso por mim; ele apenas indicou o caminho do amor, que nos resta percorrer com nossas próprias pernas. Se eu não andar por esse caminho, começando pelo amor a mim mesmo, viverei sempre carente, dependente, à espera de alguém que venha me salvar, e ninguém tem essa missão!

O autoamor começa com a aceitação da nossa condição humana, da nossa luz e da nossa sombra, do nosso brilho e da nossa escuridão, enfim, daquilo que somos, com seus direitos e seus avessos, com sua fortaleza e sua fraqueza. E vamos amar tudo isso, do jeito que é!

Não condicionemos o amor por nós àquilo que idealizamos ser: sempre perfeitos, lindos, maravilhosos, fortes, coerentes, decididos; aquele que nunca tropeça, nunca faz bobagens, sempre faz tudo certinho. Enfim, um modelo inatingível para a nossa atual condição humana.

É claro que sempre haverá espaço para o crescimento, mas isso somente será possível se eu me aceito e fico bem comigo; se me reconcilio com a minha própria história, com meus altos e baixos, com minhas conquistas e fracassos, com meus acertos e erros.

E somente assim também poderei ficar bem com o outro, aceitando-o do jeito que ele é e pode ser, não fantasiando mais com pessoas perfeitas.

Eu só posso reconhecer as imperfeições humanas a partir do momento em que reconheço as minhas. Eu só posso passar a ajudar o outro em suas necessidades quando admito as minhas e procuro me ajudar. Eu só terei compaixão do próximo se olhar compassivamente para as minhas fraquezas. Eu só poderei oferecer o perdão se primeiro perdoar a mim mesmo.

Estou certo de que aprender a amar é a lição mais importante do nosso curso na Escola da Vida!

O livro termina aqui, mas as aulas seguem todos os dias. Espero que as singelas reflexões que lhe apresentei sejam úteis ao seu caminhar. Torço para que você as aproveite e tenha êxito em sua passagem pelo Planeta-Escola.

Estarei orando por você. Peço que também ore por mim!

intelítera
editora

Obrigado por comprar uma cópia autorizada deste livro e por cumprir a lei de direitos autorais não reproduzindo ou escaneando este livro sem permissão.

Intelítera Editora
Rua Lucrécia Maciel, 39 - Vila Guarani
CEP 04314-130 - São Paulo - SP
(11) 2369-5377 - (11) 93235-5505
intelitera.com.br
facebook.com/intelitera
instagram.com/intelitera

Os papéis utilizados foram Book Paper Boivory Bulk 65g/m² para o miolo e o Cartão Ningbo Fold 250g/m² para a capa. O texto principal foi composto com a fonte Sabon LT Std 13/16 e os títulos com a fonte Sabon LT Std 17/20.

Editores
Luiz Saegusa e Claudia Zaneti Saegusa

Direção Editorial
Claudia Zaneti Saegusa

Capa
Casa de Ideias

Projeto Gráfico e Diagramação
Casa de Ideias

Revisão
Miriam Dias

Finalização
Mauro Bufano

Impressão
Lis Gráfica e Editora

2ª Edição
2025

O autor cedeu os direitos autorais deste livro ao Grupo Espírita Esperança, para manutenção de seus trabalhos espirituais e assistenciais.
Rua Moisés Marx, 1.123, Vila Aricanduva, São Paulo - SP
CNPJ 08.209.086/0001-79 - www.grupoesperanca.com.br

Na escola da vida

Dados Internacionais de Catalogação na Publicação (CIP)
(Câmara Brasileira do Livro, SP, Brasil)

De Lucca, José Carlos
Na escola da vida : lições espirituais para o bem-viver / José Carlos De Lucca. -- 1. ed. -- São Paulo : Intelítera Editora, 2025.

ISBN: 978-65-5679-079-4

1. Autoconhecimento 2. Espiritismo 3. Espiritualidade 4. Evolução espiritual 5. Jesus Cristo - Ensinamentos 6. Reflexões I. Título.

25-294455.0 CDD-133.9

Índices para catálogo sistemático:

1. Lições espirituais : Espiritismo 133.9

Maria Alice Ferreira - Bibliotecária - CRB-8/7964

Para receber informações sobre nossos lançamentos, títulos e autores, bem como enviar seus comentários, utilize nossas mídias:

intelitera.com.br

atendimento@intelitera.com.br

youtube.com/inteliteraeditora

instagram.com/intelitera

facebook.com/intelitera

Redes sociais do autor:

jcdelucca.com.br

youtube.com/José Carlos De Lucca

instagram.com/josecdelucca

facebook.com/orador.delucca

spotify/Podcast José Carlos De Lucca

Esta edição foi impressa pela Lis Gráfica e Editora no formato 140x210mm. Os papéis utilizados foram o Book Paper Boivory Bulk 65g/m² para o miolo e o Cartão Ningbo Fold 250g/m² para a capa. O texto principal foi composto com a fonte Sabon LT Std 13/19 e os títulos com a fonte Sabon LT Std 17/20.